모두를 위한

영춘권

詠春拳 · *wing chun quan*

저자 | 강지강

序

江誌強

詠春江誌強拳術總會總監

「武術」一詞不僅代表強身健體、修心養性，其背後隱藏著搏擊、戰鬥的含義。現今，世界上的武術門派多如天上的繁星，一些知名武術家對外宣稱自己修習的是集百家之大成的綜合格鬥武術，對於這種說法我個人是不認同的，因為一個習武者自己應該很清楚，不論何人終其一生的努力，也難以達成百家大成之所願！所以我認為忠誠於自己的武術才是修練的正道。

幼年時充滿幻想、年青時莽想，中年再回想，不論言行總是離不開「功夫」兩個字！在 ［香港］ 武術界中，我算是一個喜歡堅持做自己的功夫人。在我的思維中，「功夫」就是武術的精華。

每個練武者的心目中，對武術的理解都不盡相同，甚至持相反的理念也不足為奇，單單是詠春拳，就已經各有各的見解了。

在中國南方不同地區，其各自都有代表性的地方武術，這些武術的集合習慣被稱作中國南派武術，不同武術的產生常常與個人或者族群的生活及職業有所關連。

서문

강 지 강
영춘강지강 권술연합회 감사

"무술"이라는 용어는 체력 뿐만 아니라 마음의 수양을 의미합니다. 격투, 싸움 의미는 숨겨져 있습니다. 오늘날 세계의 무술 종파는 하늘의 별과 같이 많습니다. 일부 유명한 무술가들은 수 백 가지의 업적을 가지고 있는 종합 무술을 연습하고 있다고 주장합니다. 평생 수련을 하려고 노력하는 사람에 상관없이 수백 가지의 위대한 업적을 기원하는 것은 어렵다는 것이 분명합니다! 그래서 나는 자신의 무술에 대한 믿음이야말로 올바른 실천 방법이라고 생각합니다.

나는 어렸을 때 환상으로 가득 차 있었고, 무술에 관한 생각을 했고, "쿵푸"라는 단어를 잊을 수 없었습니다. [홍콩] 무술 세계에서 오랫동안 쿵푸를 수련한 사람으로써 내 생각에 "쿵푸"는 무술의 정수라고 생각하게 되었습니다.

개개인의 무술가들의 생각은 무술에 대한 이해는 동일하지 않으며, 반대 개념이 취해지고 있다는 것은 놀라운 일이 아닙니다. 영춘권을 봐도 지역마다 다른 의견을 가지고 있습니다.

중국 남부의 각기 다른 지역에는 각각의 지방 무술이 있으며, 이 무술의 집단적 습관을 중국 남부 무술이라고 하며, 무술의 세대는 종종 개인이나 민족의 삶과 직업과 관련이 있습니다.

詠春拳為福建南少林武術之中的一項拳種，相傳詠春拳由南少林五枚祖師創自清代中葉雍正年間，已經有二百多年歷史！

　　當時詠春拳的流傳範圍並不廣泛，反而隱藏得十分低調！因為當時清政府火燒少林寺後，仍不斷追捕流落在民間的少林弟子，因此當時的詠春拳是不公開，不發揚，不表演的！所以當時的詠春拳亦成為了南少林的一項隱世拳術。

　　所謂山不在高有仙則靈，詠春拳湖不大但水深，學拳的人多，真正用心去理解研究它的人並不多！

　　中國現今流傳的詠春拳有很多系統的流派，大家都發展很好！雖然說同宗同源，但門派始終經過百年洗禮及歷史上相關人物的際遇而有變遷，所以在拳理手法上應該是有得有失，問到誰正宗誰正統的話，我就只能夠說是各自精彩去響應。武術不應有強弱、膚色之分！

　　本人很榮幸此次應《韓國慧星出版社》的邀請，參與他們這次關於詠春拳的拍攝工作。在此，對《韓國慧星出版社》為傳播詠春拳所做的努力表示衷心感謝。

　　出版社計劃製作一本專門的詠春拳教材書籍，並將這本書翻譯成韓文，推廣到韓國四間大學裏，令韓國熱愛詠春拳的朋友們能夠分享中國武術的優秀拳種！最後我祝這本南少林詠春拳的教材書能譽滿成功。

2019. 11. 6

영춘권은 복건성 남쪽 소림 무술 중의 일부권법으로써, 남소림 오메조사가 청나라 중엽 용정 황제때 만들어져 내려오는 것으로 200여년의 역사를 가지고 있습니다.

당시 영춘권은 많은 발전을 하지 못했고 운둔의 무술로 내려오게 되었습니다.
이유는 그 당시 청나라 정부가 소림사를 불태우고 소림사 제자들을 핍박하였기 때문입니다. 때문에 영춘권은 공개하지도 못하고 수련도 할 수 없었습니다.

현재 중국에서 계승되고 있는 영춘권은 여러가지의 장르가 있으며 모두 잘 발전하고 있습니다! 영춘권은 수백 년 동안의 많은 사람들에 의하여 항상 바뀌었으므로, 누가 정통인지를 물어 보면 각각은 훌륭하다고 합니다만 무술을 강하고 약하다고 말할 수 없고 각각의 색체를 띠고 있습니다.

한국의 "혜성 출판사" 초청으로 영춘권 촬영 작업에 참여하게 되어 매우 영광입니다. 출편시에 진심으로 감사의 말씀을 드립니다.

출판사에서는 영춘권 교재를 제작하여 책을 한국어로 번역하고 한국의 대학과 무술단체에 홍보하여, 영춘권을 좋아하는 한국인 친구들이 중국 무술의 우수권법을 공유 할 수 있도록 하고 싶습니다. 마지막으로, 남소림 영춘권 교재의 출판 성공을 기원합니다.

2019. 11. 6

목차

序 / 서문 ·· 02

001 詠春拳基本功(1)(영춘권기본공)(1) Yǒng chūn quán jīběngōng(1)
영춘권 기본동작(1) ·· 10

002 詠春拳基本功(2) (영춘권기본공)(2) Yǒng chūn quán jīběngōng(2)
영춘권 기본동작(2) ·· 22

003 詠春基本功(3) 步法 (영춘기본공 (3) 보법) Yǒng chūn jīběngōng (3) bù fǎ
영춘기본동작(3) 보법 ··· 24
● 손 모양 ··· 24
● 보법 ·· 26

004 詠春拳基本拳術 <小念頭> 영춘권기본권술(소념두)Yǒng chūn quán jīběn quánshù <xiǎo niàntou>
소념두 ·· 28

005 詠春中級拳術<尋橋> 영춘중급권술(심교)Yǒng chūn zhōngjí quánshù <xún qiáo>
심교 ·· 52

006 詠春 木人樁 (영춘 목인장) Yǒng chūn mù rén zhuāng ························ 74

007 木人樁 實戰手法 (목인장 실전수법) mù rén zhuāng shízhàn shǒufǎ
목인장 실전 기술 ··· 82

008 詠春拳 實戰手法1 (영춘권 실전수법)1 Yǒng chūn quán shízhàn shǒufǎ 1

기본기술편 ··· **100**
- 기본기술 1 ·· **100**
- 기본기술 2 ·· **102**
- 기본기술 3 ·· **104**
- 기본기술 4 ·· **106**
- 기본기술 5 ·· **110**
- 기본기술 6 ·· **112**
- 기본기술 7 ·· **114**
- 기본기술 8 ·· **116**
- 기본기술 9 ·· **118**

009 詠春拳 實戰 (영춘권실전) Yǒng chūn quán shízhàn

실전기술편 ··· **122**
- 실전기술 1 ·· **122**
- 실전기술2 ·· **124**
- 실전기술3 ·· **126**
- 실전기술4 ·· **128**

詠春拳

Technique 001

詠春拳基本功(1) (영춘권기본공)(1) Yǒng chūn quán jīběngōng(1)
영춘권 기본동작 (1)

01 ▸ 站正(참정) **Zhàn zhèng**
준비 자세를 취한다.

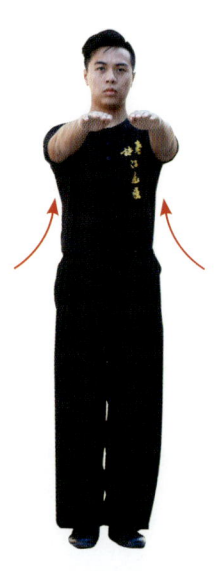

02 ▸ 提手(시수) **Tí shǒu**
양손바닥을 아래로 하고 어깨까지 들어 올린다.

03 ▸ 握拳(악권) **Wòquán**
양손 주먹을 감아서 안쪽으로 쥔다.

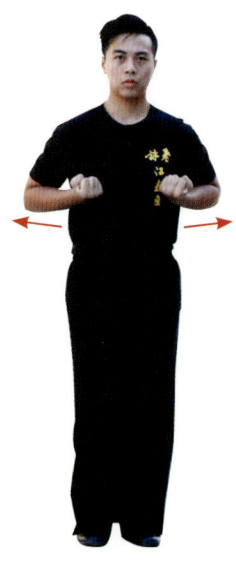

04 ▸ 手拳(수권) **Shǒu quán**
양손을 가슴위치에 가져다 댄다.

05 ▸ 開步(개보) **Kāi bù**
양다리를 바깥쪽으로 벌려준다.

06 ▸ 開馬(개마) **Kāi mǎ**
다시 양쪽다리를 안쪽으로 모아준다.

07 ▸ 下雙耕手(하쌍경수) **Xià shuāng gēng shǒu**
양팔을 단전쪽을 향해서 X자로 교차시킨다.

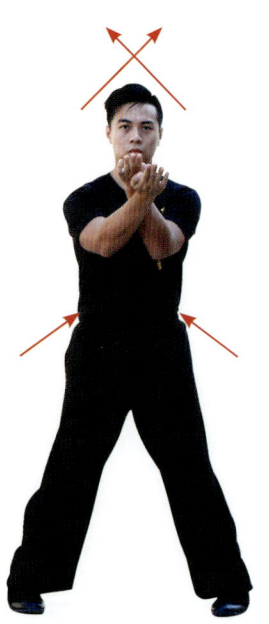

08 ▸ 上雙攤手(상쌍탄수) **Shàng shuāng tānshǒu**
그대로 얼굴쪽으로 들어올려준다.

09 ▶ 收拳(수권) Shōu quán
양다리를 벌린 상태에서 양손을 주먹 쥐고 가슴에 가져다 댄다.

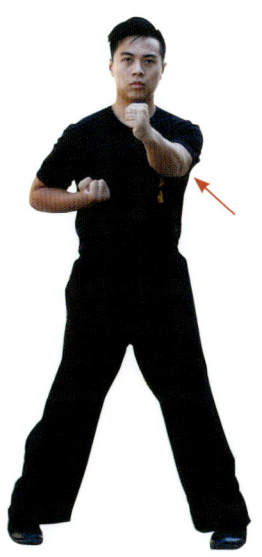

10 ▶ 左冲拳(좌충권) Zuǒ chōng quán
왼손을 종권을 쥐고 그대로 뻗어준다.

11 ▶ 左攤手(좌탄수) Zuǒ tānshǒu
그 상태에서 주먹 쥔 손을 펴 준다.

12 ▶ 握拳(악권) Wòquán
다시 주먹을 쥐고 종권으로 앞으로 뻗는다.

13 ▶ 左攤手(좌탄수) Zuǒ tānshǒu
그 상태에서 주먹쥔 손을 펴 준다.

14 ▶ 左圈手(좌권수) Zuǒ quān shǒu
손바닥을 반대로 뒤집는다.

15 ▶ 左握拳(좌악권) Zuǒ wòquán
그 상태에서 주먹을 쥔다.

16 ▶ 左轉手腕(좌전수완) Zuǒ zhuǎn shǒuwàn
손목을 오른쪽으로 돌린다.

Technique 001

詠春拳基本功(1) (영춘권기본공)(1) Yǒng chūn quán jīběngōng(1)
영춘권 기본동작 (1)

17 ▶ 開樁(개장) Kāi zhuāng
오른쪽으로 돌린 손을 가슴에 위치시킨 후

18 ▶ 右沖拳(우충권) Yòu chōng quán
오른손을 앞으로 향해

19 ▶ 右沖拳(우충권) Yòu chōng quán
종권으로 뻗어준다.

20 ▶ 右攤手(우탄수) Yòu tānshǒu
그 상태에서 주먹 쥔 손을 펴주고

21 ▶ 右圈手(우권수) Yòu quān shǒu
손을 뒤집어서 찌른다

22 ▶ 右握拳(우악권) Yòu wòquán
다시 주먹을 쥐고

23 ▶ 右轉腕(우전완) Yòu zhuǎn wàn
안쪽 방향으로 들어서 돌린 후

24 ▶ 手拳(수권) Shǒu quán
주먹 쥔 손을 가슴쪽으로 당겨준다.

25 ▶ 右轉馬欄手(우전마난수) Yòu zhuǎn mǎ lán shǒu
전신을 왼쪽으로 이동시키면서 왼손을 펴서 들어올린다.

26 ▶ 右冲拳(우충권) Yòu chōng quán
오른손을 주먹 쥐고 앞으로 뻗어준다.

27 ▶ 左冲拳(좌충권) Zuǒ chōng quán
왼손을 주먹 쥐고 종권으로 앞으로 뻗는다

28 ▶ 右冲拳(우충권) Yòu chōng quán
오른손을 주먹 쥐고 앞으로 뻗어준다.

29 ▶ 右轉馬欄手(우전마난수) Yòu zhuǎn mǎ lán shǒu
오른발을 앞으로 내딛고 무게중심을 뒤로 이동시키면서 오른손을 들어올린다.

30 ▶ 左冲拳(좌충권) Zuǒ chōng quán
왼손을 종권으로 뻗어준다.

31 ▶ 右冲拳(우충권) Yòu chōng quán
오른손을 종권으로 뻗어준다.

32 ▶ 左冲拳(좌충권) Zuǒ chōng quán
다시 왼손을 종권으로 뻗어준다.

Technique 001

詠春拳基本功(1) (영춘권기본공)(1) Yǒng chūn quán jīběngōng(1)
영춘권 기본동작 (1)

33 ▶ (左)轉馬偏身箭拳 (좌전마 편신전권) (Zuǒ) zhuǎn mǎ piān shēn jiàn quán
오른쪽으로 돌며 오른손을 종권으로 지른다.

34 ▶ (右)轉馬偏身箭拳 (우전마 편신전권) (Yòu) zhuǎn mǎ piān shēn jiàn quán
왼쪽으로 돌며 정면을 향해 왼손을 종권으로 지른다.

35 ▶ 左轉馬冲拳 (좌전마충권) Zuǒ zhuǎn mǎ chōng quán
오른쪽다리를 뒤로 빼며 오른손을 종권으로 지른다.

36 ▶ 右轉馬冲拳 (우전마충권) Yòu zhuǎn mǎ chōng quán
왼쪽다리를 뒤로 빼며 왼손을 종권으로 지른다.

37 ▶ 左轉馬冲拳 (좌전마충권) Zuǒ zhuǎn mǎ chōng quán
오른쪽다리를 뒤로 빼며 오른손을 종권으로 지른다.

38 ▶ 左正膀手 (좌정방수) Zuǒ zhèng bǎng shǒu
정자세로 서며 양팔을 십자로 교차해준다.

39 ▶ 左正膀手 (좌정방수) Zuǒ zhèng bǎng shǒu
왼손을 가슴쪽으로 당겨준다.

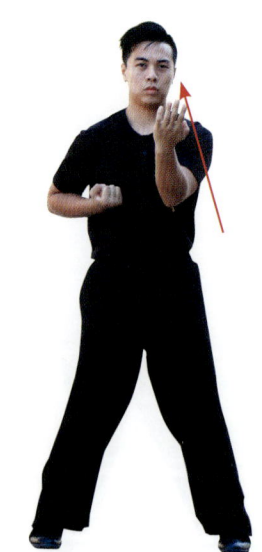

40 ▶ 左正攤手 (좌정탄수) Zuǒ zhèng tānshǒu
왼손을 그대로 편다.

41 ▶ 左正掌(좌정장)Zuǒ zhèng zhǎng
왼손을 장권으로 질러준다.

42 ▶ 右正膀手(우정방수)Yòu zhèng bǎng shǒu
오른손 가슴쪽으로 당겨준다.

43 ▶ 右正攤手(우정탄수)Yòu zhèng tānshǒu
오른손을 펴주고

44 ▶ 右正掌(우정장)Yòu zhèng zhǎng
오른손을 장권으로 질러준다.

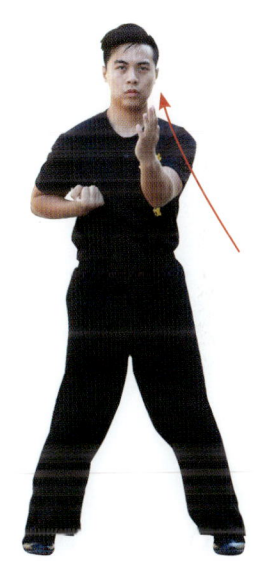

45 ▶ 左枕手(좌침수)Zuǒ zhěn shǒu
오른손은 당기고 왼손을 펴 주고

46 ▶ 左伏手(좌복수)Zuǒ fú shǒu
왼쪽손목을 꺾어 주었다가

47 ▶ 左冲拳(좌충권)Zuǒ chōng quán
종권으로 지른다.

48 ▶ 右枕手(우침수)Yòu zhěn shǒu
왼손은 당기고, 오른손은 펴 준다.

Technique 001

詠春拳基本功(1) (영춘권기본공)(1) Yǒng chūn quán jīběngōng(1)
영춘권 기본동작 (1)

49 ▶ 右伏手(우복수) Yòu fú shǒu
오른쪽 손목을 꺾어 주었다가

50 ▶ 右沖拳(우충권) Yòu chōng quán
종권으로 지른다.

51 ▶ 右轉馬攝膀手(우전마섭방수) Yòu zhuǎn mǎ shè bǎng shǒuquán
왼쪽발을 뒤로 빼주며 무게중심을 뒤로 이동해주고 양팔을 열십자로 교차한다.

52 ▶ 左轉馬攤手沖拳 (좌전마탄수권) Zuǒ zhuǎn mǎ tānshǒu chōng quán
오른발을 뒤로 빼며 양팔을 사선으로 쳐올려준다. 이때 오른손은 종권으로 지른다.

53 ▶ 左轉馬耕手沖拳(좌전마경수충권) Zuǒ zhuǎn mǎ gēng shǒu chōng quán
왼발을 뒤로 빼며 오른손은 방어, 왼손은 종권으로 지른다.

54 ▶ 右沖拳(우층권) Yòu chōng quán
정자세로 변환후 왼손은 당기고, 오른손은 종권으로 질러준다.

55 ▶ 左沖拳 (좌충권) Zuǒ chōng quán
오른손은 당겨주고, 왼손은 종권으로 지른다.

56 ▶ 左轉馬攝膀手(좌전마섭방수) Zuǒ zhuǎn mǎ shè bǎng shǒu
오른발을 뒤로 빼고 양팔을 십자로 교차시켜준다.

57 ▶ 右轉馬攤手冲拳(우전마탄수충권)Yòu zhuǎn mǎ tānshǒu chōng quán
왼발을 뒤로빼고 양팔을 사선으로 쳐 올려준다. 이때 왼손은 종권으로 지른다.

58 ▶ 右轉馬耕手冲拳(우전마경수충권)Yòu zhuǎn mǎgēng shǒu chōng quán
오른발을 뒤로 빼며 왼손은 방어, 오른손은 종권으로 지른다.

59 ▶ 左冲拳(좌충권) Zuǒ chōng quán
정자세로 변환 후 오른손은 당겨주고 왼손은 종권으로 지른다.

60 ▶ 右冲拳(우충권) Yòu chōng quán
왼손은 당기고 오른손은 종권으로 질러준다.

61 ▶ 左冲拳(좌충권) Zuǒ chōng quán
오른손은 당겨주고 왼손은 종권으로 지른다.

62 ▶ 左戰步馬上手欄手(좌전보마상수란수) Zuǒ zhàn bù mǎshàng shǒu lán shǒu
왼발을 앞으로 밀며 왼손은 방어 자세를 취한다.

63 ▶ 右戰步馬上步右冲拳(우전보마상보우충권) Yòu zhàn bù mǎshàng bù yòu chōng quán
우측발을 1보 밀면서 왼손은 당기고 오른손은 종권으로 지른다.

64 ▶ 左戰步馬上步左冲拳(좌전보마상보좌충권) Zuǒ zhàn bù mǎshàng bù zuǒ chōng quán
좌측발을 1보 밀면서, 오른손은 당기고 왼손은 종권으로 지른다.

Technique 001

詠春拳基本功(1) (영춘권기본공)(1) Yǒng chūn quán jīběngōng(1)
영춘권 기본동작 (1)

65 ▶ 左戰步馬右上馬冲拳 (좌전보마)(우상마충권) Zuǒ zhàn bù mǎ yòushàng mǎ chōng quán
좌측발을 1보 밀면서, 왼손은 당기고 오른손은 종권으로 지른다.

66 ▶ 左前踢腳(좌전척각) Zuǒqián tī jiǎo
양팔을 십자로 교차하고, 왼발로 앞차기를 한다.

67 ▶ 落地(낙지) Luòdì
다리를 펴면서 중심을 잡고

68 ▶ 踏地(답지) Tà de
다리를 내려준다.

69 ▶ 過門(과문) Guòmén
뒤로 돌며

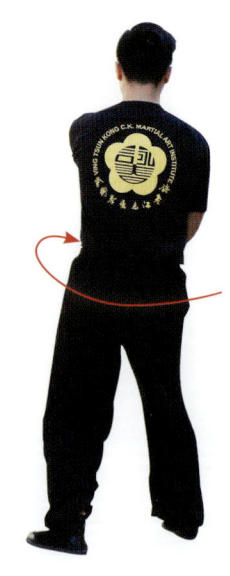

70 ▶ 轉身(전신) Zhuǎnshēn
왼손을 뻗어준다.

71 ▶ 戰步問手(전보문수) Zhàn bù wèn shǒu
왼발을 앞으로 밀어주며 오른손을 가슴에, 왼손은 펴주며 자세를 취한다.

72 ▶ 左三角馬冲拳(좌삼각마충권) Zuǒ sānjiǎo mǎ chōng quán
왼발을 사선으로 밀어주며, 왼손은 당기고 오른손은 종권으로 지른다.

73 ▶ 右三角馬冲拳(우삼각마충권)Yòu sānjiǎo mǎ chōng quán
오른발을 오른쪽으로 밀어 주며 오른손은 당기고 왼손은 종권으로 지른다.

74 ▶ 左三角馬冲拳 (좌삼각마충권)Zuǒ sānjiǎo mǎ chōng quán
왼발을 사선으로 밀어주고 왼손은 당기고 오른손은 종권으로 지른다.

75 ▶ 右轉身冲拳 (우전신충권) yòu zhuǎn shēn chōng quán
90° 돌아 오른발을 앞으로 밀면서, 오른손은 당기고 왼손은 종권으로 지른다.

76 ▶ 轉身冲拳(전신충권) Zhuǎnshēn chōng quán
그대로 돌아서며 주먹을 지르고

77 ▶ 左三角馬冲拳(좌삼각마충권)Zuǒ sānjiǎo mǎ chōng quán
왼발을 앞으로 밀고 오른손은 종권으로 지른다.

78 ▶ 右三角馬冲拳(우삼각마충권)Yòu sānjiǎo mǎ chōng quán
오른발을 앞으로 밀며, 왼손은 종권으로 지른다.

79 ▶ 左三角馬冲拳(좌삼각마충권) Zuǒ sānjiǎo mǎ chōng quán
왼발을 앞으로 밀며 오른손은 종권으로 지른다.

80 ▶ 轉身冲拳 (전신충권) Zhuǎnshēn chōng quán
오른발을 앞으로 밀며 오른손은 종권으로 지른다.

詠春拳基本功(1) (영춘권기본공)(1) Yǒng chūn quán jīběngōng(1)
영춘권 기본동작 (1)

Technique 001

81 ▶ 轉身右冲拳(전신우충권)Zhuǎnshēn yòu chōng quán
왼발을 앞으로 밀며, 오른손은 종권으로 지른다.

82 ▶ 右削手(우삭수)Yòu xuē shǒu
정자세에서 오른손은 왼팔 위에 올리고 방어자세를 취한다.

83 ▶ 左削手(좌삭수)Zuǒ xuē shǒu
오른손을 밀고 왼손을 빼면서 방어자세를 취한다.

84 ▶ 右削手(우삭수)Yòu xuē shǒu
양손을 열십자로 교차시킨다.

85 ▶ 左冲拳(좌충권)Zuǒ chōng quán
오른손은 당기고, 왼손은 종권으로 지른다.

86 ▶ 右冲拳(우충권) Yòu chōng quán
왼손은 당기고, 오른손은 종권으로 지른다.

87 ▶ 左冲拳(좌충권)Zuǒ chōng quán
오른손은 당기고, 왼손은 종권으로 지른다.

88 ▶ 右圈手(우권수) Yòu quān shǒu
왼쪽 손목을 꺾어준다.

89 ▶ 收拳(수권)Shōu quán
왼손을 가슴쪽으로 당겨준 후, 양팔을 아래로 내리면서

90 ▶ 收勢(수세)Shōu shì
준비 자세로 돌아오면서 마무리한다.

Technique 002

詠春拳基本功(2) (영춘권기본공)(2) Yǒng chūn quán jīběngōng(2)
영춘권 기본동작 (2)

01 準備(준비) zhǔnbèi
준비 자세

02 戰步馬(전보마) Zhàn bù mǎ
오른발을 앞으로 전진

03 戰步馬(전보마) Zhàn bù mǎ
1보 더전진

04 戰步右冲拳(전보우충권)Zhàn bù yòu chōng quán
1보 더전진

05 戰步左冲拳(전보좌충권)Zhàn bù zuǒ chōng quán
1보 더전진

06 戰步右冲拳(전보우충권)Zhàn bù yòu chōng quán
1보 더전진

07 轉馬攔手(전마난수)Zhuǎn mǎ lán shǒu
오른손을 종권으로 지르며 전진

08 戰步左冲拳(전보좌충권)Zhàn bù zuǒ chōng quán
왼손을 종권으로 지르며 전진

09 戰步右冲拳(전보우충권)Zhàn bù yòu chōng quán
오른손을 종권으로 지르며 전진

10 三角左冲拳(삼각좌충권)Sānjiǎo zuǒ chōng quán
뒤로 돌아 왼손을 종권으로 지르고

11 三角右冲拳(삼각우충권)Sānjiǎo yòu chōng quán
오른손을 종권으로 지르고

12 三角左冲拳(삼각좌충권)Sānjiǎo zuǒ chōng quán
왼손을 종권으로 지르고

13 三角左冲拳(삼각좌충권)Sānjiāo zuǒ chōng quán
다시 뒤로 돌아 왼손을 종권으로 지르고

14 三角右冲拳(삼각우충권)Sānjiǎo yòu chōngquán
오른손을 종권으로 지르고

15 三角左冲拳(삼각좌충권)Sānjiǎo zuǒ chōng quán
왼손을 종권으로 지르고

16 三角右冲拳(삼각우충권)Sānjiǎo yòu chōng quán
오른손을 종권으로 지르고

17 轉身左冲拳(전신좌충권)Zhuǎnshēn zuǒ chōng quán
좌측으로 몸을 틀어 왼손을 종권으로 지르고

18 轉身右冲拳(전신우충권)Zhuǎnshēn yòu chōng quán
오른손을 종권으로 지르고

19 轉身冲拳(전신충권)Zhuǎnshēn chōng quán
몸을 우측으로 돌려 앞으로 전진

20 轉身冲拳(전신충권)Zhuǎnshēn chōng quán
1보 더 전진

21 三角冲拳(삼각충권)Sānjiǎo chōng quán
오른손을 종권으로 지르고

22 三角冲拳(삼각충권)Sānjiǎo chōng quán
1보더 전진하면서 오른손을 종권으로 지르고

23 戰步問手(전보문수)Zhàn bù wèn shǒu
뒤로 돌아 왼손을 펴고

24 轉身冲拳(전신충권)Zhuǎnshēn chōng quán
우측다리를 앞으로 끌어오면서 방어자세를 취하고

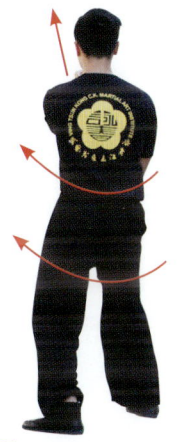
25 轉身冲拳(전신충권)Zhuǎnshēn chōng quán
그 자세 그대로 다시 뒤로 돌아 준다

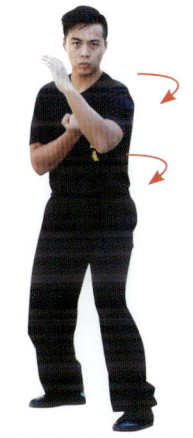
26 轉身攔手(전신란수)Zhuǎnshēn lán shǒu
그대로 다시 뒤로 돌아 주고

27 準備(준비)zhǔnbèi
준비자세로 돌아오고

28 右上馬冲拳(우상마충권)Yòushàng mǎ chōng quán
오른손을 종권으로 지르고

29 左上馬冲拳(좌상마충권)Zuǒshàng mǎ chōng quán
왼손을 종권으로 지르고

30 右上馬冲拳(우상마충권)Yòushàng mǎ chōng quán
오른손을 종권으로 지르고

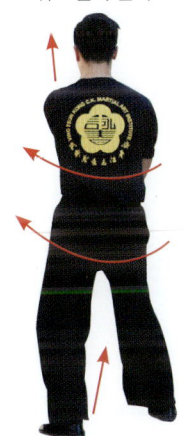
31 轉身冲拳(전신충권)Zhuǎnshēn chōng quán
뒤로돌아 왼손을 종권으로 지르고

32 右上步冲拳(우상보충권)Yòushàng bù chōng quán
왼발 1보 전진하며 오른손을 종권으로 지르고

33 左上步冲拳(좌상보충권)Zuǒshàng bù chōng quán
우측발 1보 전진하면서 왼손을 종권으로 지르고

34 右上步冲拳(우상보충권)Yòushàng bù chōng quán
왼발 1보 전진하며 오른손을 종권으로 지르고

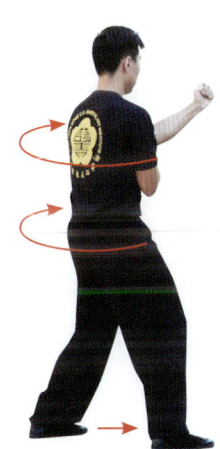
35 轉身冲拳(전신충권)Zhuǎnshēn chōng quán
그 자세 그대로 우측으로 돌며

36 上步右步冲拳(상보우충권)Shàng bù yòu bù chōng quán
우측손을 종권으로 지른다.

23

Technique 003

詠春基本功(3) 步法 (영춘기본공 (3) 보법) Yǒng chūn jīběngōng (3) bù fǎ
영춘기본동작 (3) 보법

손 모양

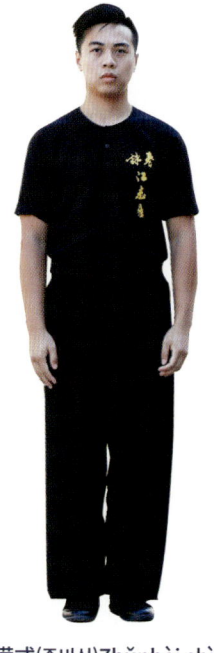

01 ▶ 準備式(준비식)Zhǔnbèi shì
준비 자세

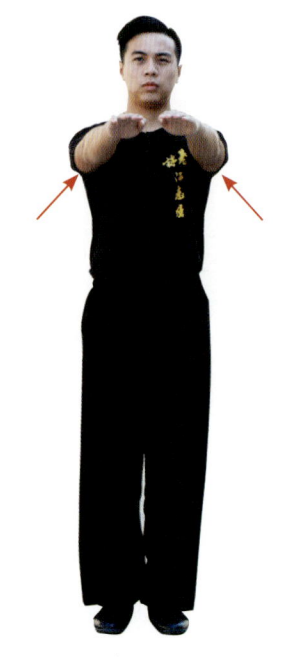

02 ▶ 提手(시수)Tí shǒu
양팔을 가슴 높이까지 들어올린다.

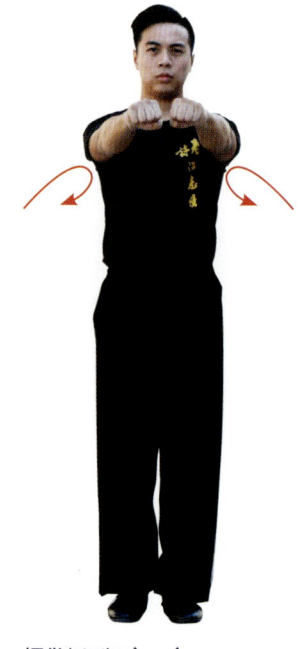

03 ▶ 握拳(악권)Wòquán
주먹을 쥐어 정권형태를 잡는다

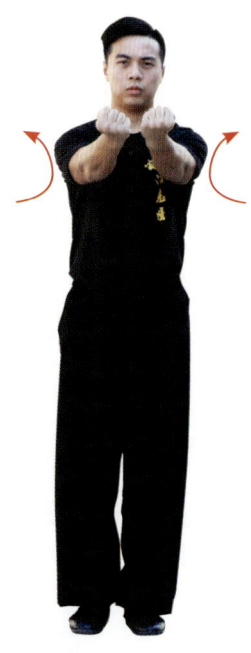

04 ▶ 旋腕(선완)Xuán wàn
주먹을 반대로 뒤집어 준다.

05 ▶ 收拳(수권)Shōu quán
양손을 가슴가까이 당겨준다.

06 ▶ 開步(개보)Kāi bù
양발을 바깥쪽으로 돌려준다.

24 | 모두를 위한 영춘권

 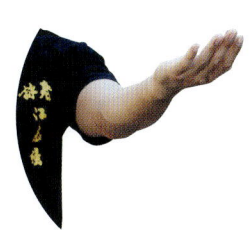   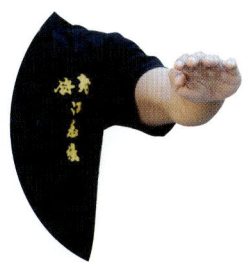

01 出拳(출권)Chū quán
종권주먹을 쥔다.

02 攤手(탄수)Tān shǒu
손바닥을 위로 향하게 편다

03 圈手(권수)Quān shǒu
손등이 정면을 향하게 안쪽으로 꺽어준다.

04 轉腕(전완)Zhuǎn wàn
손가락이 아래를 향하게 돌려준다.

05 握拳(악권)Wòquán
손끝이 정면을 향하게 펴준다.

01 ▶ 問手(문수)Wèn shǒu
왼발을 앞으로 밀고 무게중심을 뒤로 잡아준다.

02 ▶ 起腳(기각)Qǐ jiǎo
오른발에 무게중심을 잡고 왼발을 들어올려 자세를 유지해준다.

03 ▶ 前踏腳(전답각)Qián tà jiǎo
오른발에 무게중심을 잡고 안정적인 자세를 유지하며 앞차기를 한다.

詠春基本功(3) 步法 (영춘기본공 (3) 보법) Yǒng chūn jīběngōng (3) bù fǎ
영춘기본동작 (3) 보법

보법

01 ▶ 準備式(준비식)Zhǔnbèi shì
기본자세, 허리에 양손을 올린다.

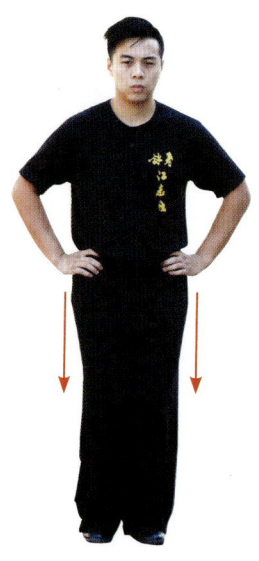

02 ▶ 扣腰(구요)Kòu yāo
무릎을 굽혀 안정적인 자세를 취한다.

03 ▶ 開胯(개고)Kāi kuà
오른발을 바깥방향으로 돌려 준다.

04 ▶ 圈腳(권각) Quān jiǎo
왼발을 왼쪽으로 돌리며 밀어 준다.

05 ▶ 上步1(상보1)Shàng bù 1
왼발을 앞으로 1보 전진한다.

06 ▶ 上步2(상보2)Shàng bù 2
2보 전진

07 ▶ 上步3(상보3)Shàng bù 3
3보 전진

08 ▸ 過門(과문)Guòmén
몸을 우측으로 돌리며

09 ▸ 轉身(전신) Zhuǎnshēn
몸전체를 돌려준다.

10 ▸ 上步1(상보1)Shàng bù 1
앞으로 1보 전진

11 ▸ 上步2(상보2)- Shàng bù 2
2보 전진

12 ▸ 上步3(상보3)Shàng bù 3
3보 전진

13 ▸ 收式1(수식1)Shōu shì
다시뒤로 돌아서

14 ▸ 收勢(수세)Shōu shì
기본자세를 취한다.

Technique 004

詠春拳基本拳術 <小念頭> 영춘권기본권술(소념두)Yǒng chūn quán jīběn quánshù <xiǎo niàntou>
소념두

01 ▶ 準備(준비)zhǔnbèi
준비 자세를 취한다.

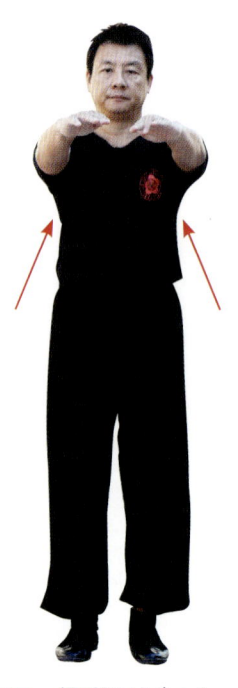

02 ▶ 提手(시수)Tí shǒu
양팔을 가슴위치로 올린다.

03 ▶ 握拳(악권)Wòquán
주먹을 안쪽으로 말어쥔다.

04 ▶ 落馬(蹲身)(낙마(준신))
Luòmǎ (dūn shēn)
양손을 가슴 안쪽으로 당기고

05 ▶ 開步(개보)Kāi bù
양발을 바깥쪽으로 벌려준다.

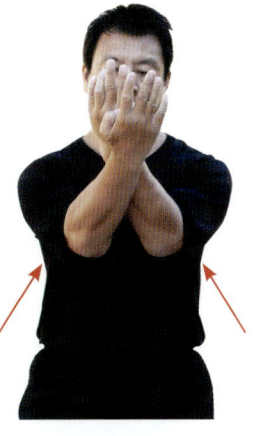

06 ▶ 開馬(개마)Kāi mǎ
뒤꿈치를 들어올리며, 발끝을 안쪽으로 모아준다.

07 ▶ 雙耕手(쌍경수)Shuāng gēng shǒu
가슴 안쪽으로 양팔을 X자로 교차 시킨다

08 ▶ 雙攤手(쌍탄수)Shuāng tānshǒu
그 상태에서 팔을 얼굴 높이로 들어 준 후

09 ▶ 拳(雙後踭)수권(쌍후정) Shōu quán
양손을 가슴 안쪽으로 당긴다.

10 ▶ 左冲拳(좌충권)Zuǒ chōng quán
왼손을 종권으로 지른다.

11 ▶ 左攤手(좌탄수)Zuǒ tānshǒu
손바닥을 위로 향하게 돌려 펴준다.

12 ▶ 左棕指(좌종지)Zuǒ zōng zhǐ
다시 손바닥을 아래로 향하게 돌려준다.

Technique 004

詠春拳基本拳術 <小念頭> 영춘권기본권술(소념두) Yǒng chūn quán jīběn quánshù <xiǎo niàntou>
소념두

13 ▶ 左握拳(좌악권)Zuǒ wòquán
주먹을 쥔다.

14 ▶ 左旋腕(좌선완)Zuǒxuán wàn
손등이 아래를 향하게 돌려준다.

15 ▶ 收拳(수권)Shōu quán
왼손을 가슴안쪽으로 당겨준다.

16 ▶ 右冲拳(우충권)Yòu chōng quán
오른손을 주먹 쥐고

17 ▶ 右冲拳(우충권)Yòu chōng quán
종권으로 지른다.

18 ▶ 右冲拳(우충권)Yòu chōng quán
손바닥을 위로 향하게 돌려준 후

19 ▶ 右圈手(우권수)Yòu quān shǒu
손목을 안쪽으로 돌려준다.

20 ▶ 右標指(우표지)Yòu biāo zhǐ
손바닥을 아래로 향하게 펴준다.

21 ▶ 右握拳(우악권)
YòuWòquán
오른손 주먹을 쥔다.

22 ▶ 右旋腕(우선완)Yòu xuán wàn
손목을 바깥쪽으로 돌려준다.

23 ▶ 收拳(수권)Shōu quán
오른손을 가슴안쪽으로 당겨준다.

24 ▶ 左攤手(좌탄수)Zuǒ tānshǒu
왼손바닥을 위를 향하게 하고 밀어 준다.

25 ▶ 左圈手(좌권수)Zuǒ quān shǒu
손목을 안쪽으로 돌려

26 ▶ 左護手(좌호수)Zuǒ hù shǒu
손날이 정면을 향하게 한 후

27 ▶ 左護手(좌호수)Zuǒ hù shǒu2
손날을 가슴쪽으로 당겨준다.

28 ▶ 左伏手(좌복수)Zuǒ fú shǒu
손등이 정면을 향하게 밀어 준다.

詠春拳基本拳術 <小念頭>

영춘권기본권술(소념두) Yǒng chūn quán jīběn quánshù <xiǎo niàntou>

소념두

29 ▶ 左攤手(좌탄수) Zuǒ tānshǒu
손바닥이 위를 향하게 펴준다.

30 ▶ 左護手1(좌호수) Zuǒ hù shǒu1
손날이 정면을 향하게 한다.

31 ▶ 左護手2(좌호수) Zuǒ hù shǒu2
손날을 가슴쪽으로 당겼다가

32 ▶ 左伏手1(좌복수) Zuǒ fú shǒu1
손날을 밀어 주었다가

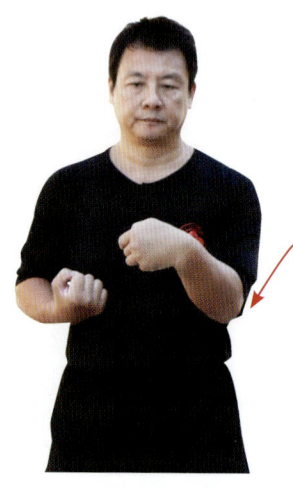

33 ▶ 左伏手2(좌복수) Zuǒ fú shǒu2
팔꿈치를 당겨주고 손등이 정면을 향하게 해준다.

34 ▶ 左圈手(좌권수) Zuǒ quān shǒu
손목을 안쪽으로 돌려준 후

35 ▶ 左護手(좌호수) Zuǒ hù shǒu
손날이 정면을 향하게 한 후

36 ▶ 左伏手1(좌복수) Zuǒ fú shǒu1
팔꿈치를 당긴상태에서

37 ▶ 左伏手2(좌복수)Zuǒ fú shǒu2
손등이 정면을 향하도록 밀었다가

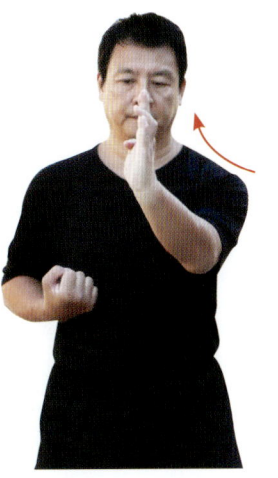

38 ▶ 左護手1(좌호수)Zuǒ hù shǒu1
손목을 안쪽으로 돌려주며

39 ▶ 左護手2(좌호수)Zuǒ hù shǒu2
손날이 정면을 향하도록 한 후

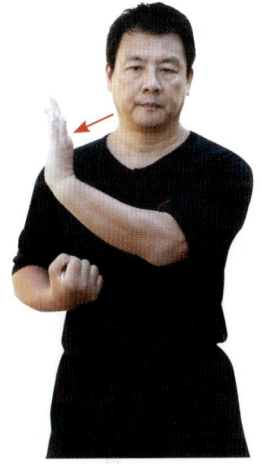

40 ▶ 拍手(박수)Pāishǒu
오른쪽으로 밀어주고

41 ▶ 拖橋1(타고)Tuō qiáo1
팔꿈치를 사선으로 왼쪽으로 내려준다.

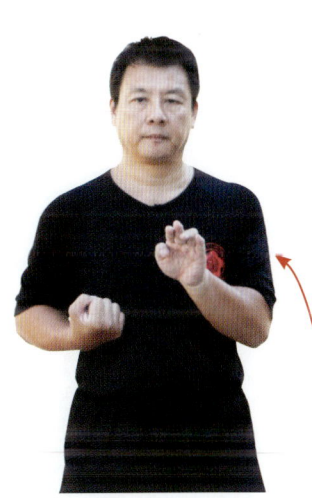

42 ▶ 拖橋2(타고)Tuō qiáo2
가슴쪽까지 당겨준 후

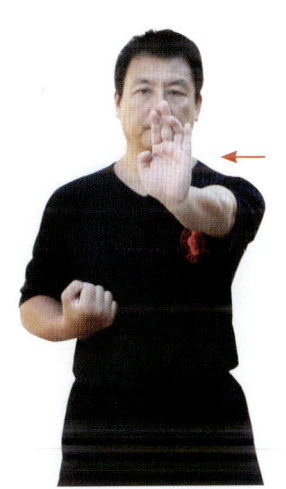

43 ▶ 左正掌(좌정장)Zuǒ zhèng zhǎng
그상태에서 장권으로 손바닥을 밀어 펴준다.

44 ▶ 左攤手(좌탄수)Zuǒ tānshǒu
손목을 바깥방향으로 돌려 손바닥이 위를 향하게 한다.

33

Technique 004

詠春拳基本拳術 <小念頭> 영춘권기본권술(소념두) Yǒng chūn quán jīběn quánshù <xiǎo niàntou>
소념두

45 ▶ 左圈手(좌권수) Zuǒ quān shǒu
왼손을 뻗어 주먹을 아래로 돌려준다.

46 ▶ 左標指(좌표지) Zuǒ biāo zhǐ
왼손을 가슴쪽을 향해 꺾어 준다.

47 ▶ 左握拳(좌악권) Zuǒ wòquán
왼손을 정권을 지르고

48 ▶ 左旋腕(좌선완) Zuǒxuán wàn
왼손 손목을 돌려준다.

49 ▶ 收拳(수권) Shōu quán
왼손을 가슴쪽으로 당긴 후

50 ▶ 右攤手1(우탄수) Yòu tānshǒu1
오른손을 펴서

51 ▶ 右攤手2(우탄수) Yòu tānshǒu2
가슴까지 올린 후

52 ▶ 右攤手3(우탄수) Yòu tānshǒu3
얼굴 정면까지 올려준다.

53 ▶ 右圈手(우권수)
Yòu quān shǒu
올린 오른손을 정면으로 밀었
다가

54 ▶ 右護手(우호수)
Yòu hù shǒu
다시 가슴쪽으로 당겨준 후

55 ▶ 右伏手(우복수)
Yòu fú shǒu
오른손등이 정면을 향해보이
도록 하고

56 ▶ 右伏手2(우복수)
Yòu fú shǒu2
이권으로 정면을 지른다.

57 ▶ 右護手(우호수)
Yòu hù shǒu
다시 손을 펴서 가슴쪽으로
당겨주고

58 ▶ 右伏手1(우복수)
Yòu fú shǒu1
오른손등이 정면을 향해보이
도록 하고

59 ▶ 右伏手2(우복수)
Yòu fú shǒu2
오른손등이 정면을 향해보이
도록 꺾어준 후,

60 ▶ 右護手(우호수)
Yòu hù shǒu
가슴쪽으로 당겨준 후

詠春拳基本拳術 <小念頭>
영춘권기본권술(소념두)Yǒng chūn quán jīběn quánshù <xiǎo niàntou>
소념두

61 ▶ 右護手(우호수)Yòu hù shǒu
가슴쪽으로 당겨준 손날을 살짝 내려주고,

62 ▶ 右伏手1(우복수)Yòu fú shǒu1
오른손등이 정면을 향해 보이도록 꺽어주고,

63 ▶ 右伏手2(우복수)Yòu fú shǒu2
이권으로 정면을 지른다.

64 ▶ 右護手(우호수)Yòu hù shǒu
가슴쪽으로 당겨준 후

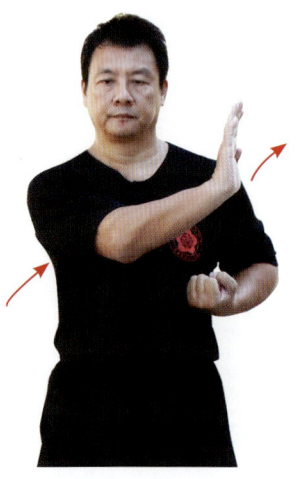

65 ▶ 右拍手(우박수) Yòu pāishǒu
오른손 손바닥을 왼쪽으로 밀어 준다.

66 ▶ 右拖橋(우타교) Yòu tuō qiáo
오른손 손바닥을 아래로 한 상태에서

67 ▶ 右正掌1(우정장) Yòu zhèng zhǎng1
정면으로 들어올린 후

68 ▶ 右正掌2(우정장) Yòu zhèng zhǎng2
장권으로 질러준다.

53 ▶ 右圈手(우권수)
Yòu quān shǒu
올린 오른손을 정면으로 밀었다가

54 ▶ 右護手(우호수)
Yòu hù shǒu
다시 가슴쪽으로 당겨준 후

55 ▶ 右伏手(우복수)
Yòu fú shǒu
오른손등이 정면을 향해보이도록 하고

56 ▶ 右伏手2(우복수)
Yòu fú shǒu2
이권으로 정면을 지른다.

57 ▶ 右護手(우호수)
Yòu hù shǒu
다시 손을 펴서 가슴쪽으로 당겨주고

58 ▶ 右伏手1(우복수)
Yòu fú shǒu1
오른손등이 정면을 향해보이도록 하고

59 ▶ 右伏手2(우복수)
Yòu fú shǒu2
오른손등이 정면을 향해보이도록 꺾어준 후,

60 ▶ 右護手(우호수)
Yòu hù shǒu
가슴쪽으로 당겨준 후

Technique 004

詠春拳基本拳術 <小念頭> 영춘권기본권술(소념두)Yǒng chūn quán jīběn quánshù <xiǎo niàntou>
소념두

61 ▶ 右護手(우호수)Yòu hù shǒu
가슴쪽으로 당겨준 손날을 살짝 내려주고,

62 ▶ 右伏手1(우복수)Yòu fú shǒu1
오른손등이 정면을 향해 보이도록 꺾어주고,

63 ▶ 右伏手2(우복수)Yòu fú shǒu2
이권으로 정면을 지른다.

64 ▶ 右護手(우호수)Yòu hù shǒu
가슴쪽으로 당겨준 후

65 ▶ 右拍手(우박수)Yòu pāishǒu
오른손 손바닥을 왼쪽으로 밀어 준다.

66 ▶ 右拖橋(우타교)Yòu tuō qiáo
오른손 손바닥을 아래로 한 상태에서

67 ▶ 右正掌1(우정장)Yòu zhèng zhǎng1
정면으로 들어올린 후

68 ▶ 右正掌2(우정장)Yòu zhèng zhǎng2
장권으로 질러준다.

69 ▶ 右攤手(우탄수)Yòu tānshǒu
오른손 손바닥을 위로 향하게 올려준 후

70 ▶ 右標指(우표지)Yòu biāo zhǐ1
뒤집어서 내려주고

71 ▶ 右標指(우표지)Yòu biāo zhǐ2
앞쪽을 향해 펴준 후,

72 ▶ 右握拳(우악권) YòuWòquán
주먹을 쥐어서 지른다.

73 ▶ 右旋腕(우선완) Yòu xuán wàn
주먹을 위로 향해 들었다가

74 ▶ 收拳(수권)Shōu quán
가슴쪽으로 당겨준다.

75 ▶ 右按手(우안수) Yòu àn shǒu
오른손을 아랫 방향으로 누르고

76 ▶ 左按手(좌안수) Zuǒ àn shǒu
양손을 모두 아래로 향하도록 누르면서

37

Technique 004

詠春拳基本拳術 <小念頭> 영춘권기본권술(소념두)Yǒng chūn quán jīběn quánshù <xiǎo niàntou>
소념두

77 ▶ 後按手(후안수) Hòu àn shǒu
허리 뒤로 양손을

78 ▶ 後雙掌(후쌍장)Hòu shuāng zhǎng
교차시켰다가

79 ▶ 抽肘(추주)Chōu zhǒu
완전히 내린 후

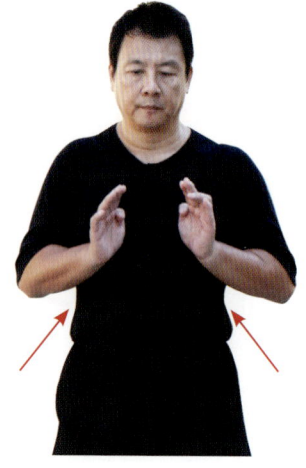

80 ▶ 雙按手1(쌍안수) Shuāng àn shǒu1
다시 앞쪽 가슴을 향해서 양손을 모아주고

81 ▶ 雙按手2(쌍안수) Shuāng àn shǒu2
아래방향으로 밀어 준다.

82 ▶ 雙欄手(쌍란수) Shuāng lán shǒu
양팔을 수평 교차시킨 후

83 ▶ 分橋(분교)Fēn qiáo
어깨높이까지 올린 다음

84 ▶ 雙拂手(쌍불수) Shuāng fú shǒu
양팔을 완전히 펴준다.

85 ▶ 雙攔手(쌍란수)Shuāng lán shǒu
양팔을 수평으로 교차시킨다.

86 ▶ 交義手(교의수)Jiāo yìshǒu
교차시킨 양손을 가슴으로 모아주고

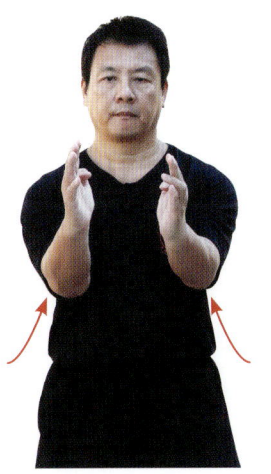

87 ▶ 雙枕手(쌍침수)Shuāng zhěn
손바닥이 마주보도록 한다.

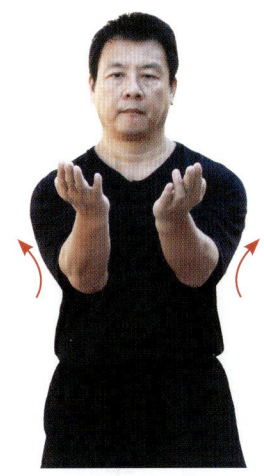

88 ▶ 雙攤手(쌍탄수)Shuāng tānshǒu
그 상태에서 위쪽으로 들어

89 ▶ 雙圈手(쌍권수)Shuāng quān shǒu
손목을 안쪽으로 돌린 다음

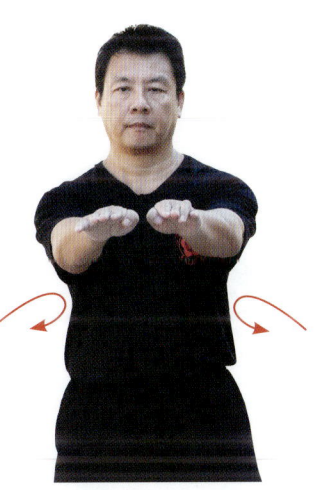

90 ▶ 雙伏手(쌍복수)Shuāng fú shǒu
바닥을 향해 수평으로 편다

91 ▶ 雙窒手(쌍질수)Shuāng zhì shǒu
가슴아래로 돌려서 모아

92 ▶ 雙標指(쌍표지)Shuāng biāo zhǐ
가슴위쪽으로 올린다음 팔을 펴준다.

詠春拳基本拳術 <小念頭>
영춘권기본권술(소념두)Yǒng chūn quán jīběn quánshù <xiǎo niàntou>

소념두

93 ▶ 雙拖手(쌍타수)Shuāng tuō shǒu
양손바닥을 정면으로 보이도록 밀어주고

94 ▶ 雙按手(쌍안수)Shuāng àn shǒu
양손을 아래로 밀어준 후

95 ▶ 雙提手(쌍제수)Shuāng tí shǒu
양손을 붙여서 얼굴높이로 들어 올려준다.

96 ▶ 雙握拳(쌍악권)Shuāng wòquán
양 주먹을 쥐고,

97 ▶ 雙握拳(쌍악권)Shuāng wòquán
양손의 주먹을 종권으로 모아준 다음

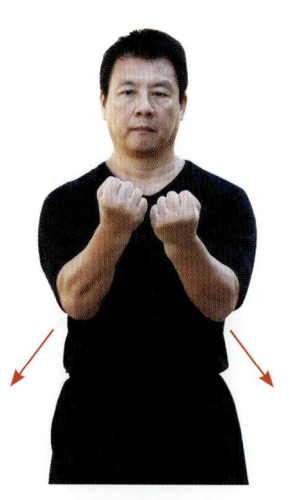

98 ▶ 雙旋腕(쌍선완)Shuāng xuán wàn
양주먹을 팔꿈치쪽으로 내려서

99 ▶ 收拳(수권)Shōu quán
가슴쪽으로 당겨준다.

100 ▶ 左拍手1(좌박수)Zuǒ pāishǒu1
왼손 바닥을 펴서 어깨높이까지 올린 후

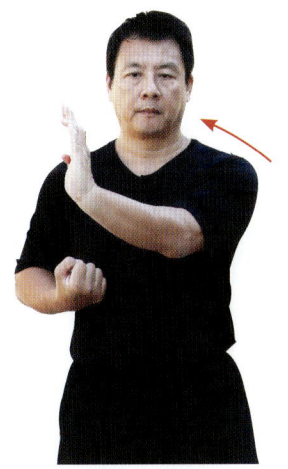

101 ▶ 左拍手2(좌박수) Zuǒ pāishǒu2
우측으로 밀어 준다.

102 ▶ 提手(좌시수) Zuǒ Tí shǒu
왼손가락이 정면을 향하게 하고,

103 ▶ 左鏟掌1(좌산장) Zuǒ chǎn zhǎng1
손목을 꺾어서,

104 ▶ 左鏟掌2(좌산장) Zuǒ chǎn zhǎng2
장권으로 쳐준다.

105 ▶ 左攤手(좌탄수) Zuǒ tānshǒu
손바닥을 위쪽으로 뒤집어서

106 ▶ 左圈手(좌권수) Zuǒ quān shǒu
손목을 안쪽으로 돌리고

107 ▶ 左標指(좌표지) Zuǒ biāo zhǐ
손가락이 우측방향으로 향하도록 하고

108 ▶ 左握拳(좌악권) Zuǒ wòquán
주먹을 쥔다.

Technique 004

詠春拳基本拳術 <小念頭> 영춘권기본권술(소념두) Yǒng chūn quán jīběn quánshù <xiǎo niàntou>
소념두

109 ▶ 左旋腕(좌선완)
Zuǒxuán wàn
손등을 아래로 향하도록 돌려주고

110 ▶ 收拳(수권) Shōu quán
가슴위치로 당겨준다.

111 ▶ 右拍手1(우박수)
Yòu pāishǒu1
오른손 손바닥을 우측에서 좌측으로

112 ▶ 右拍手2(우박수)
Yòu pāishǒu2
길게 밀어 준다.

113 ▶ 右提手(우제수)
Yòu tí shǒu
손가락이 정면을 향하도록 해주고

114 ▶ 右鏟掌1(우산장)
Yòu chǎn zhǎng1
손목을 꺾어서

115 ▶ 右鏟掌2(우산장)
Yòu chǎn zhǎng2
장권으로 쳐준다.

116 ▶ 右攤手(우탄수)
Yòu tānshǒu
손바닥을 위쪽으로 뒤집고

117 ▶ 右圈手(우권수)
Yòu quān shǒu
손목을 안쪽으로 돌린 후

118 ▶ 右標指(우표지)
Yòu biāo zhǐ
손바닥이 아래로 향하도록
한 다음 손을 펴준 후,

119 ▶ 右旋腕(우선완)
Yòu xuán wàn
주먹을 쥐고 손등이 아래로
향하도록 하고

120 ▶ 收拳(수권)Shōu quán
가슴쪽으로 당겨준다.

121 ▶ 收拳(수권)Shōu quán
왼손을 펴서

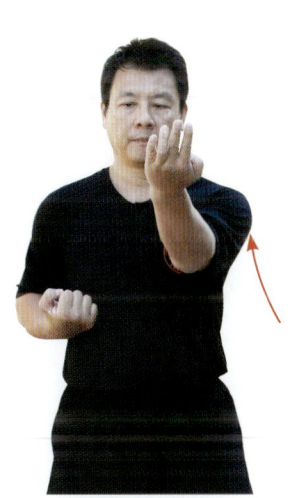

122 ▶ 左攤手(좌탄수)
Zuǒ tānshǒu
얼굴 위치만큼 들어서

123 ▶ 左耕手1(좌경수)
Zuǒ gēng shǒu1
좌측으로 돌려주고

124 ▶ 左耕手2(좌경수)
Zuǒ gēng shǒu2
복부 아래쪽으로 내려준다.

詠春拳基本拳術 <小念頭>

영춘권기본권술(소념두)Yǒng chūn quán jīběn quánshù <xiǎo niàntou>

소념두

125 ▶ 左挑手(좌도수)Zuǒ tiāo shǒu

왼손바닥이 위로 향하도록 올려준 후

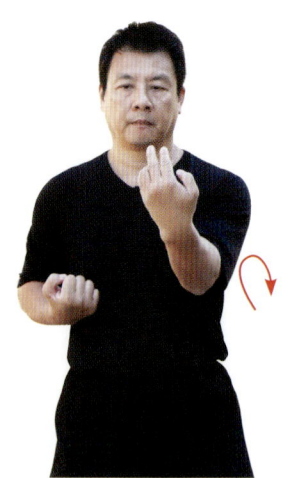

126 ▶ 左圈手(좌권수)Zuǒ quān shǒu

손목을 바깥으로 돌려서

127 ▶ 左底掌1(좌저장)Zuǒ dǐ zhǎng1

손바닥이 정면을 향하도록 하고,

128 ▶ 左底掌2(좌저장)Zuǒ dǐ zhǎng2

장권으로 질러 준다.

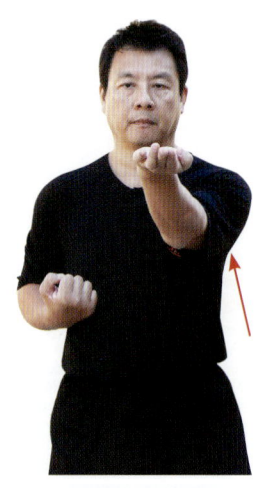

129 ▶ 左托手(좌탁수)Zuǒ tuō shǒu

다시 위로 들어서

130 ▶ 左圈手(좌권수)Zuǒ quān shǒu

안쪽으로 손목을 돌리고

131 ▶ 左標指(좌표지)Zuǒ biāo zhǐ

손가락이 우측을 향하도록 해서

132 ▶ 左握拳(좌악권)Zuǒ wòquán

주먹을 쥔다.

133 ▶ 左旋腕(좌선완)
Zuǒxuán wàn
주먹쥔 손을 뒤집어주고

134 ▶ 收拳(수권)Shōu quán
왼손을 가슴쪽으로 당겨준다.

135 ▶ 右攤手(우탄수)
Yòu tānshǒu
우측 손바닥이 위로 향하도록 올려준 뒤

136 ▶ 右耕手1(우경수)
Yòu gēng shǒu1
좌측으로 돌려주고

137 ▶ 右耕手2(우경수)
Yòu gēng shǒu2
복부 아랫방향으로 내려준다.

138 ▶ 右挑手(우도수)
Yòu tiāo shǒu
다시 손을 펴서 올려주고

139 ▶ 右底掌1(우저장)
Yòu dǐ zhǎng1
가슴 위치로 내려서

140 ▶ 右底掌2(우저장)
Yòu dǐ zhǎng2
장권으로 질러 준다.

詠春拳基本拳術 <小念頭>

영춘권기본권술(소념두) Yǒng chūn quán jīběn quánshù <xiǎo niàntou>

소념두

141 ▶ 右圈手(우권수)Yòu quān shǒu
다시 손등이 정면을 향하도록 들어서

142 ▶ 右標指1(우표지)Yòu biāo zhǐ1
안쪽으로 돌리고

143 ▶ 右標指2(우표지)Yòu biāo zhǐ2
길게 뻗어준다.

144 ▶ 右握拳(우악권)Yòu wòquán
편손을 주먹 쥐고

145 ▶ 右旋腕(우선완)Yòu xuán wàn
바깥방향으로 돌린 후

146 ▶ 收拳(수권)Shōu quán
가슴쪽으로 당겨준다.

147 ▶ 左正膀手(좌정방수)Zuǒ zhèng bǎng shǒu
왼쪽 손바닥을 펴고 팔꿈치를 올려준다.

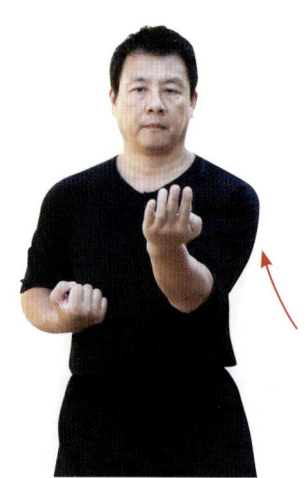

148 ▶ 左攤手1(좌탄수)Zuǒ tānshǒu1
손바닥을 위로 향하게 해서

149 ▶ 左攤手2(좌탄수)
Zuǒ tānshǒu2
앞으로 뻗어준다.

150 ▶ 右托手(우탁수)
Yòu tuō shǒu
목있는 곳까지 올린다.

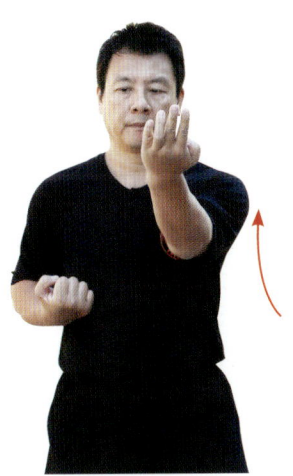

151 ▶ 右攤手(우탄수)
Yòu tānshǒu
손바닥이 얼굴을 향하도록 하고

152 ▶ 左圈手(좌권수)
Zuǒ quān shǒu
안쪽으로 돌린 후

153 ▶ 標指(좌표지)Zuǒ biāo zhǐ
정면을 향해 펴준다.

154 ▶ 左握拳(좌악권)Zuǒ wòquán
다시 주먹을 쥐고

155 ▶ 左旋腕(좌선완)Zuǒxuán wàn
손목을 뒤집어 준다.

156 ▶ 收拳(수권)Shōu quán
가슴쪽으로 당겨준 후

Technique 004

詠春拳基本拳術 <小念頭> 영춘권기본권술(소념두) Yǒng chūn quán jīběn quánshù <xiǎo niàntou>
소념두

157 ▶ 右膀手2(우방수)
Yòu bǎng shǒu2
오른팔을 들어서 손바닥이 아래로 향하게 가슴까지 들어준다.

158 ▶ 右攤手1(우탄수)
Yòu tānshǒu1
손바닥을 위쪽으로 향하게 한다.

159 ▶ 右攤手2(우탄수)
Yòu tānshǒu2
그대로 내린 후

160 ▶ 右攤手3(우탄수)
Yòu tānshǒu3
앞으로 뻗어준다.

161 ▶ 右圈手(우권수)
Yòu quān shǒu
안쪽으로 손목을 돌렸다가,

162 ▶ 右標指(우표지)
Yòu biāo zhǐ
정면을 향해 질러준다.

163 ▶ 右握拳(우악권)
Yòu wòquán
주먹을 쥐고

164 ▶ 右旋腕(우선완)
Yòu xuán wàn
안쪽으로 돌린 후

165 ▶ 收拳(수권)Shōu quán
가슴쪽으로 당겨준다.

166 ▶ 脫手1(탈수)Tuōshǒu1
양손을 펴서 왼손은 복부쪽으로 질러주고 오른손을 왼팔 위에 올려준다.

167 ▶ 脫手2(탈수)Tuōshǒu2
왼손은 당겨주고

168 ▶ 脫手3(탈수)Tuōshǒu3
오른손을 복부쪽으로 밀어 준다.

169 ▶ 脫手4(탈수)Tuōshǒu4
오른손은 당기면서

170 ▶ 脫手5(탈수)Tuōshǒu5
왼손을 복부쪽으로 밀어 준다.

Technique 004

詠春拳基本拳術 <小念頭> 영춘권기본권술(소념두) Yǒng chūn quán jīběn quánshù <xiǎo niàntou>
소념두

171 ▶ 脫手6(탈수)Tuōshǒu6
왼손을 당겨주고 오른손은 복부쪽으로 밀어 준다.

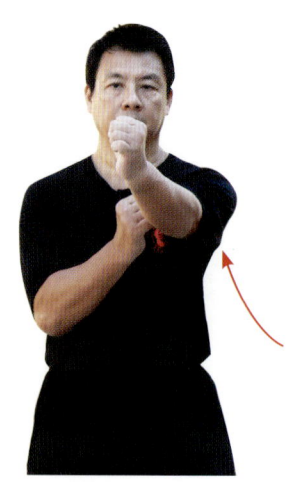

172 ▶ 左冲拳(좌충권)Zuǒ chōng quán
오른손은 당기면서 왼손은 종권으로 질러준다.

173 ▶ 右冲拳(우충권)Yòu chōng quán
반대로 오른손을 종권으로 질러준 후

174 ▶ 左冲拳(좌충권)Zuǒ chōng quán
다시 왼손을 종권으로 지르고

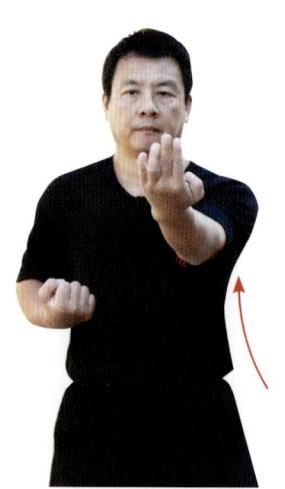

175 ▶ 左攤手(좌탄수)Zuǒ tānshǒu
손바닥이 위를 향하게 한 후 손을 편다

176 ▶ 左圈手(좌권수)Zuǒ quān shǒu
손목을 안쪽으로 돌리고

177 ▶ 掌標指(장표지)Zhǎng biāo zhǐ
손바닥이 정면을 향하도록 하고

178 ▶ 左握拳(좌악권)Zuǒ wòquán
주먹을 쥔다.

179 ▶ 左旋腕(좌선완)Zuǒxuán wàn
주먹 쥔 손을 뒤집어서

180 ▶ 收拳(수권)Shōu quán
가슴쪽으로 당겨준다.

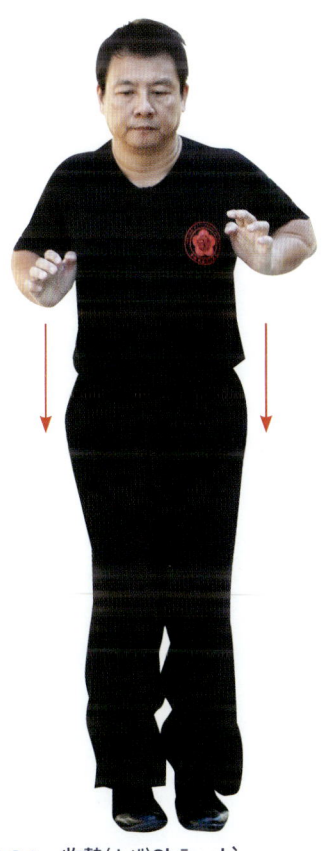

181 ▶ 收勢(수세)Shōu shì
뒷꿈치를 올리면서 양팔을 내려주고,

182 ▶ 收式(수식)Shōu shì
자세를 정리하고 준비 자세로 돌아온다.

51

Technique 005

詠春中級拳術 <尋橋> 영춘중급권술(심교)Yǒng chūn zhōngjí quánshù <xún qiáo>
심교

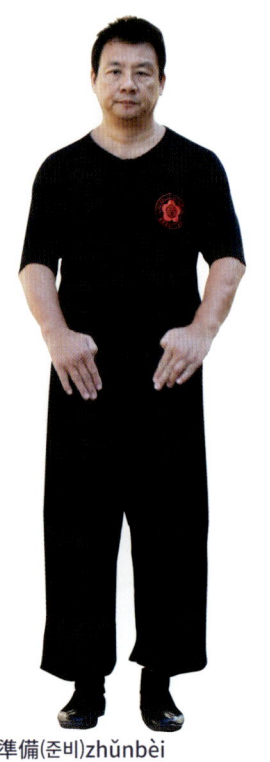

01 ▶ 準備(준비)zhǔnbèi
준비 자세

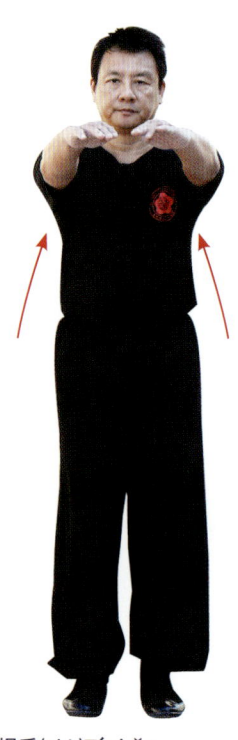

02 ▶ 提手(시수)Tí shǒu
손바닥을 아래로 향하게 하고, 양팔을 어깨 높이로 들어올린다.

03 ▶ 握拳(악권)Wòquán
양손 주먹을 쥔다.

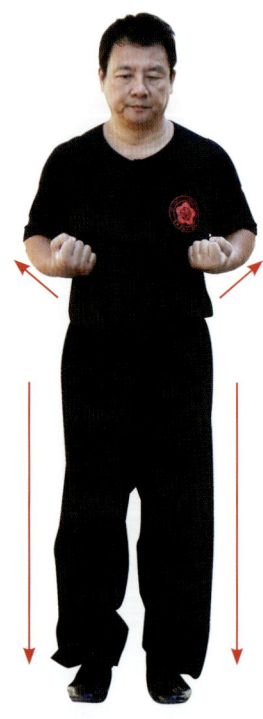

04 ▶ 收拳蹲步(수권준보)Shōu quán dūn bù
다리를 살짝 구부리면서 양손을 가슴위치에 가져온다.

05 ▶ 開步(개보)Kāi bù
양발의 앞꿈치를 바깥방향으로 벌려준다.

07 ▶ 雙耕手1(쌍경수)
Shuāng gēng shǒu1
양손을 모아

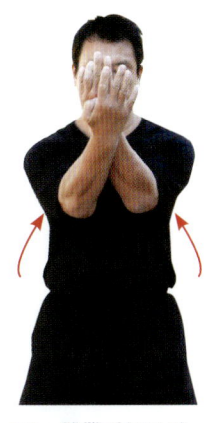
08 ▶ 雙耕手2(쌍경수)
Shuāng gēng shǒu2
X자로 교차한 후

09 ▶ 雙攤手(쌍탄수)
Shuāng tānshǒu
손을 모아 들어준 후

10 ▶ 收拳(수권)
Shōu quán
가슴쪽으로 당겨준다.

06 ▶ 開馬(개마)Kāi mǎ
뒤꿈치를 들어주고 다리를 벌려준다. 앞꿈치는 안쪽으로 향해야 한다.

11 ▶ 左冲拳1
(좌충권)Zuǒ chōng quán1
왼손주먹을 쥐고

12 ▶ 左冲拳2
(좌충권)Zuǒ chōng quán2
종권으로 지른 후

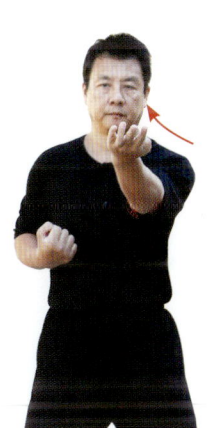
13 ▶ 左攤手(좌탄수)
Zuǒ tānshǒu
펴서 들어주고,

14 ▶ 圈手(좌권수)
Zuǒ quān shǒu
손목을 안쪽으로 돌려준다.

Technique 005

詠春中級拳術＜尋橋＞ 영춘중급권술(심교) Yǒng chūn zhōngjí quánshù ＜xún qiáo＞
심교

15 ▶ 左標指(좌표지)
Zuǒ biāo zhǐ
손가락을 우측으로 향하게 하고

16 ▶ 左握拳(좌악권)
Zuǒ wòquán
주먹을 쥔다.

17 ▶ 左旋腕(좌선완)
Zuǒxuán wàn
주먹을 안쪽으로 돌려준 후

18 ▶ 收拳(수권)
Shōu quán
가슴쪽으로 당겨준다.

19 ▶ 右冲拳(우충권)
Yòu chōng quán
오른손을 종권으로 질러준 후

20 ▶ 右拳手(우권수)
Yòu quánshǒu
손을 펴서 손목을 안쪽으로 돌리고

21 ▶ 右標指(우표지)
Yòu biāo zhǐ
손바닥이 아랫 방향으로 향하게 해서 편 뒤

22 ▶ 右握拳(우악권)
Yòu wòquán
주먹을 쥐고 안쪽으로 돌려준다.

23 ▶ 右旋腕(우선완)
Yòu xuán wàn
주먹을 돌려 손등이 아랫방향
을 향하게 하고

24 ▶ 收拳(수권)
Shōu quán
가슴쪽으로 당겨준다.

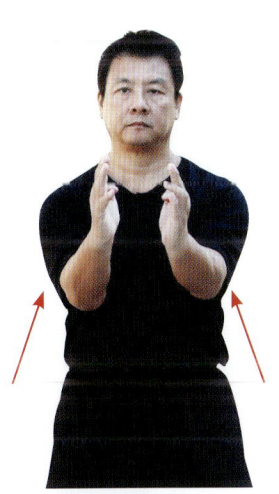

25 ▶ 雙枕手(쌍침수)
Shuāng zhěn shǒu
양손 바닥을 마주보게 한 후

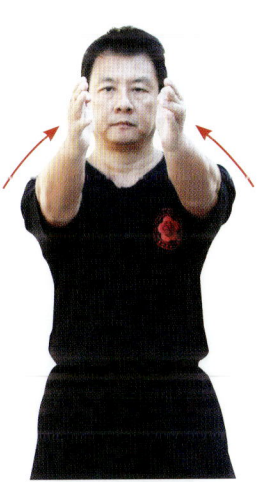

26 ▶ 雙穿橋(쌍천교)
Shuāng chuān qiáo
가슴 위치에서 앞으로 밀어준 후

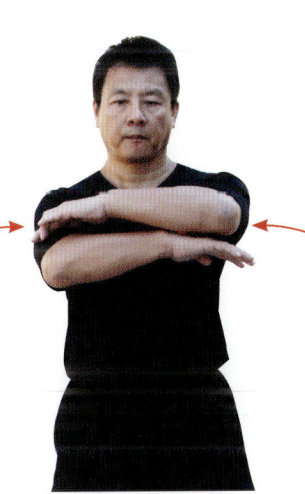

27 ▶ 雙攔手(쌍란수)
Shuāng lán shǒu
양팔을 수평으로 교차시킨다.

Technique 005

詠春中級拳術<尋橋> 심교
영춘중급권술(심교) Yǒng chūn zhōngjí quánshù <xún qiáo>

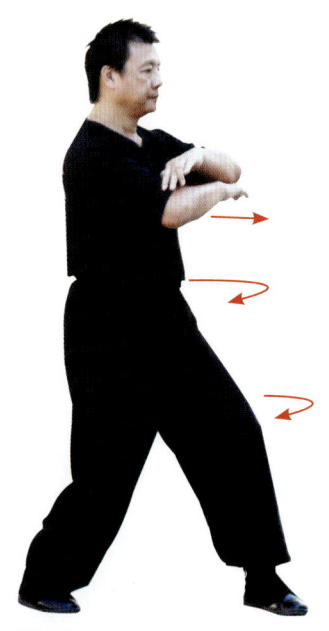

28 ▶ 轉馬雙欄手(좌전마쌍란수)
Zuǒ zhuǎn mǎ shuāng lán shǒu
몸 전체를 좌측으로 돌려준 후 무게중심은 뒷발에 둔다.

29 ▶ 右轉馬雙欄手(우전마쌍란수)
Yòu zhuǎn mǎ shuāng lán shǒu
다시 몸전체를 우측으로 돌려준 후, 무게중심은 뒷발에 둔다.

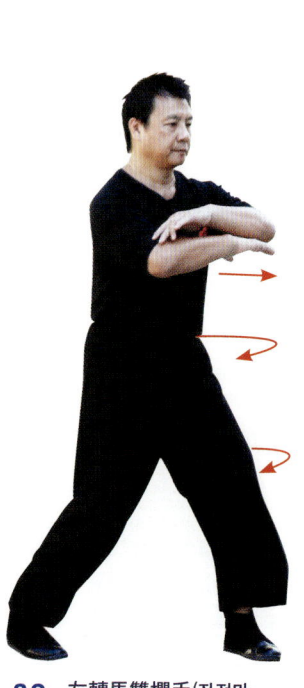

30 ▶ 左轉馬雙欄手(좌전마쌍란수) Zuǒ zhuǎn mǎ shuāng lán shǒu
다시 몸 전체를 좌측으로 돌려준 후, 무게중심은 뒷발에 둔다.

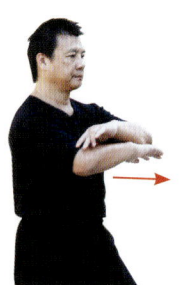

31 ▶ 雙欄手(쌍란수)
Shuāng lán shǒu
양팔을 앞으로

32 ▶ 雙伏手(쌍복수)
Shuāng fú shǒu
밀어주고

33 ▶ 雙攤手(쌍탄수)
Shuāng tānshǒu
손바닥을 뒤집어서 밀고

34 ▶ 扣手1(구수)
Kòu shǒu1
오른손은 당기고 왼손은 밀고

35 ▶ 扣手2(구수)
Kòu shǒu2
다시 우측 손을 뒤집어서 밀고

36 ▶ 扣手3(구수) Kòu shǒu3
오른손은 밀고, 동시에 왼손은 당겨준다.

37 ▶ 右撲掌(우박장)
Yòu pū zhǎng
오른손을 장권으로 치고

38 ▶ 左撲掌(좌박장)
Zuǒ pū zhǎng
다시 왼손을 장권으로 치고

39 ▶ 右撲掌(우박장)
Yòu pū zhǎng
오른손을 다시 장권으로 친다.

40 ▶ 轉馬斜欄手(전마사란수)
Zhuǎn mǎ xié lán shǒu
오른손을 올린 상태에서 우측으로 회전을 준비하며

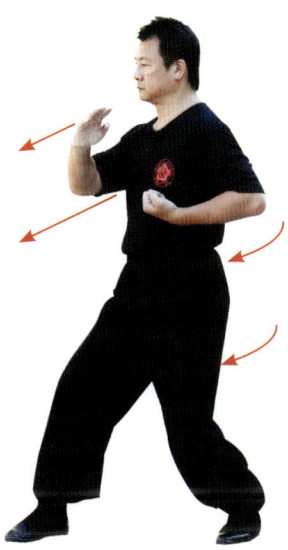

41 ▶ 轉馬欄手(전마란수) **Zhuǎn mǎ lán shǒu**
회전하면서 오른손은 정면, 왼손은 가슴에 위치한다.

42 ▶ 轉馬攝膀手1(전마섭방수)
Zhuǎn mǎ shè bǎng shǒu1
오른팔을 들어올리며 몸전체를

43 ▶ 轉馬攝膀手2(전마섭방수)
Zhuǎn mǎ shè bǎng shǒu2
좌측으로 돌려준다. 이때 팔꿈치로 상대의 공격을 방어하는 자세를 취한다.

44 ▶ 轉馬欄手1(전마란수)
Zhuǎn mǎ lán shǒu 1
몸전체를 우측으로 돌릴 준비를 하고

45 ▶ 轉馬欄手2(전마란수)
Zhuǎn mǎ lán shǒu 2
우측으로 돌린 후 왼손을 가슴 쪽으로 당겨준다.

46 ▶ 轉馬膀手1(전마방수)
Zhuǎn mǎ bǎng shǒu1
양손은 준비 자세를 취하며 몸전체를 좌측으로 돌릴 준비를 하고

Technique 005

詠春中級拳術 <尋橋> 영춘중급권술(심교)Yǒng chūn zhōngjí quánshù <xún qiáo>
심교

47 ▸ 轉馬膀手(전마방수)Zhuǎn mǎ bǎng shǒu
좌측으로 회전한다. 이때 오른팔 팔꿈치로 상대방의 공격을 방어한다.

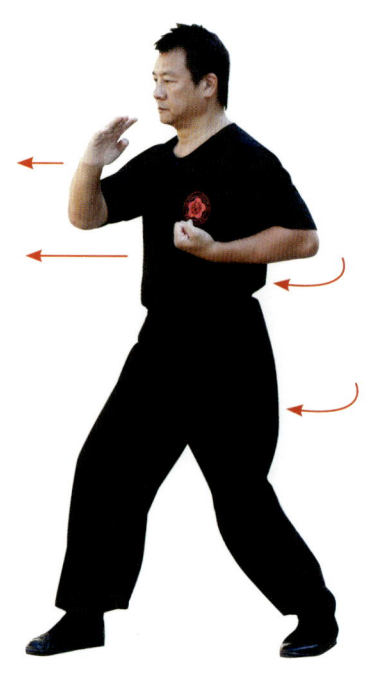

48 ▸ 轉馬欄手(전마란수)Zhuǎn mǎ lán shǒu
우측으로 몸을 돌리며 오른손은 정면을, 왼손은 가슴에 위치한다.

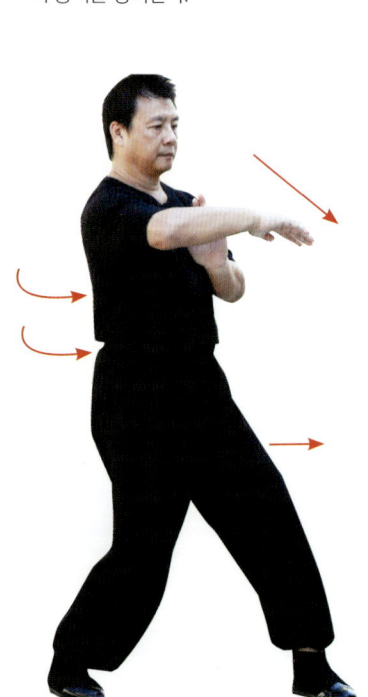

49 ▸ 轉馬膀手(전마방수)Zhuǎn mǎ bǎng shǒu
몸전체를 좌측으로 돌려서, 오른손은 상대방의 공격을 방어한다.

50 ▸ 轉馬欄手(전마란수)zhuàn mǎ lán shǒu
몸전체를 우측으로 돌려서, 오른손은 정면을 향하고 왼손은 가슴에 위치한다.

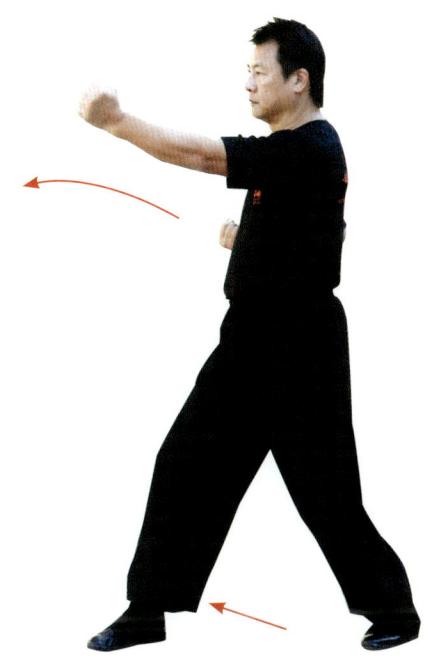

51 ▶ 坐馬冲拳(좌마충권)Zuò mǎ chōng quán
오른발을 앞으로 1보 전진하면서 왼손을 종권으로 질러준다.

52 ▶ 轉馬拂手(전마불수)Zhuǎn mǎ fú shǒu
상체와 골반, 무릎을 회전시키며 좌측으로 왼손을 뻗어준다.

53 ▶ 伏手(부수)Fú shǒu
양손을 X자로 교차시킨다.

54 ▶ 伏手穿橋(부수천교)Fú shǒu chuān qiáo
왼손은 주먹을 쥐고 오른손은 펴준다.

55 ▶ 鏟掌(진장)Chǎn zhǎng
오른손은 장권으로 밀고, 왼손은 가슴쪽으로 당겨준다.

56 ▶ 圈手(권수)Quān shǒu
손목을 안쪽으로 돌려준다.

57 ▶ 標指(표지)Biāo zhǐ
손바닥을 아래로 향하게 하면서 그대로 지르고,

Technique 005

詠春中級拳術<尋橋> 영춘중급권술(심교)Yǒng chūn zhōngjí quánshù <xún qiáo>
심교

59 ▶ 握拳(악권)Wòquán
주먹을 쥔다.

59 ▶ 旋腕(선완)Xuán wàn
주먹을 뒤집어서

60 ▶ 收拳(수권)Shōu quán
가슴쪽으로 가져오고

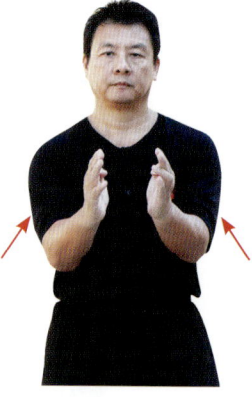

61 ▶ 雙枕手(쌍침수)Shuāng zhěn shǒu
양손바닥을 마주보게 한 후

62 ▶ 雙穿橋(쌍천교)Shuāng chuān qiáo
양손을 모은 상태로 뻗어준다.

63 ▶ 右轉馬雙攔手(우전마쌍란수)Yòu zhuǎn mǎ shuāng lán shǒu
양팔을 수평 교차하여

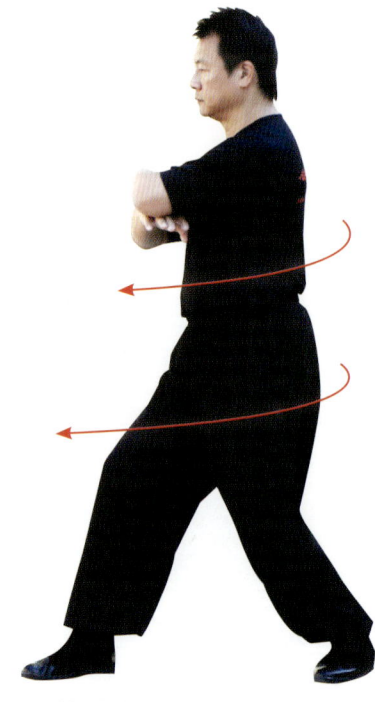

64 ▶ 轉馬雙攔手(전마쌍란수)Zhuǎn mǎ shuāng lán shǒu
우측으로 회전하고

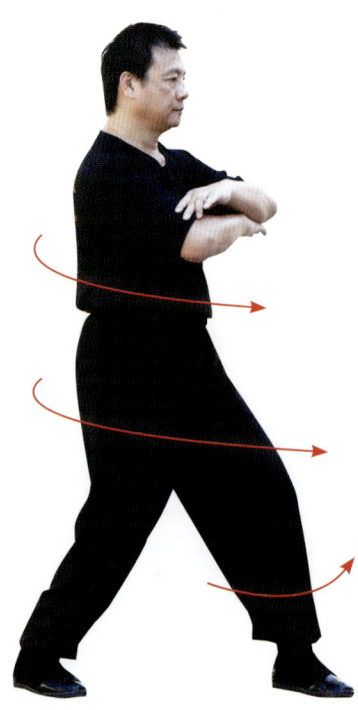

65 ▶ 轉馬雙攔手(전마쌍란수)Zhuǎn mǎ shuāng lán shǒu
다시 좌측으로 회전하고

67 ▶ 雙伏手(쌍복수)
Shuāng fú shǒu
손바닥을 아래로 향하게 한 후 앞으로 내밀고

68 ▶ 雙攤手(쌍탄수)
Shuāng tānshǒu
손을 뒤집어서 위를 향하게 한 후 펴준다.

66 ▶ 轉馬雙欄手(전마쌍란수)
Zhuǎn mǎ shuāng lán shǒu
다시 우측으로 회전한 후

69 ▶ 扣手1(구수) **Kòu shǒu1**
오른손은 밀어주고 왼손은 당겨준다.

70 ▶ 扣手2(구수) **Kòu shǒu2**
왼손을 밀고 오른손은 당겨주고

71 ▶ 扣手3(구수) **Kòu shǒu3**
다시 반대로 왼손은 당기고 오른손은 밀어 준다.

72 ▶ 撲掌1(박장) **Pū zhǎng1**
왼손을 장권으로 질러준다.

73 ▶ 撲掌2(박장) **Pū zhǎng2**
반대로 오른손을 장권으로 지르고

74 ▶ 撲掌3(박장) **Pū zhǎng3**
다시 왼손을 장권으로 지른다.

Technique 005

詠春中級拳術＜尋橋＞ 영춘중급권술(심교)Yǒng chūn zhōngjí quánshù ＜xún qiáo＞
심교

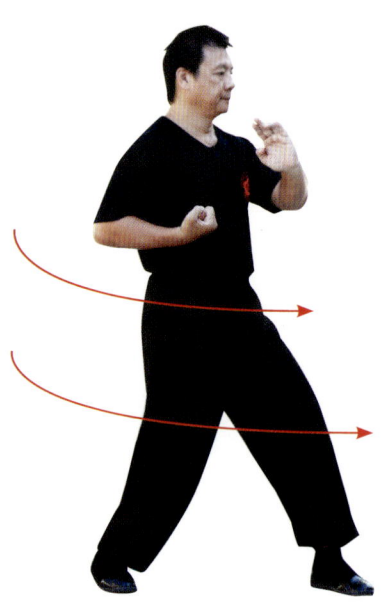

75 ▶ 轉馬欄手(전마란수)Zhuǎn mǎ lán shǒu
왼손은준비 자세, 오른손은 가슴에 당겨주고 몸전체를 좌측으로 돌려주고

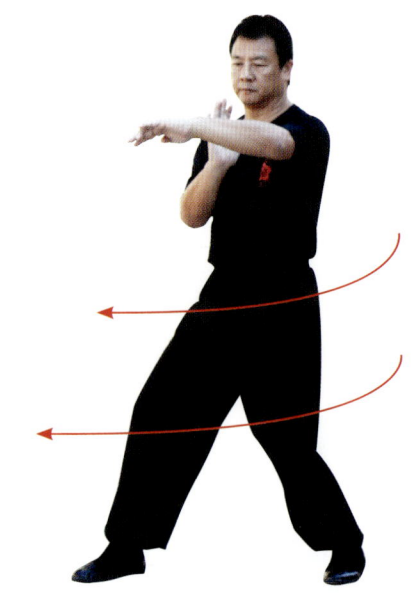

76 ▶ 轉馬膀手(전마방수)Zhuǎn mǎ bǎng shǒu
왼손은 방어자세, 오른손은 준비 자세를 취한다.

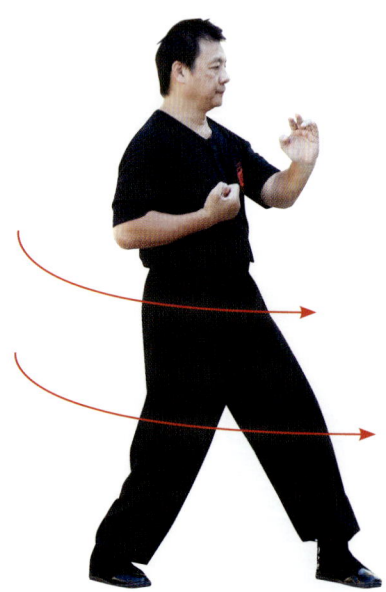

77 ▶ 轉馬欄手(전마란수)Zhuǎn mǎ lán shǒu
왼손은 준비 자세, 오른손은 가슴에 당겨주고 몸전체를 좌측으로 돌려주고

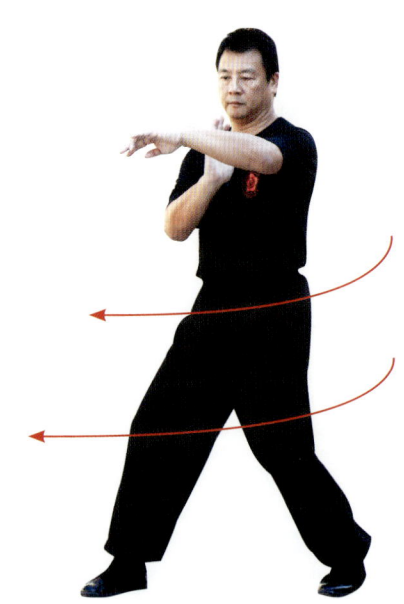

78 ▶ 轉馬膀手(전마방수)Zhuǎn mǎ bǎng shǒu
왼손은 방어자세, 오른손은 준비 자세를 취한다.

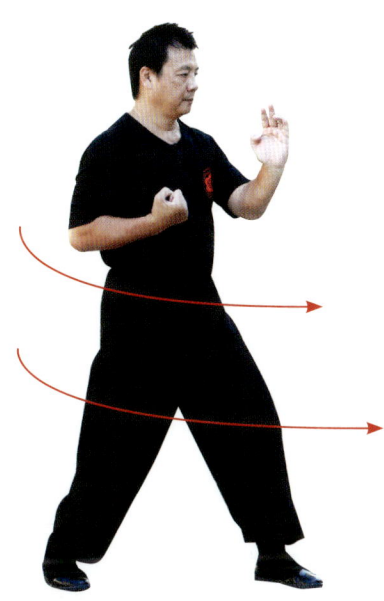

79 ▶ 轉馬攔手(전마란수)Zhuǎn mǎ lán shǒu
왼손은 준비 자세, 오른손은 가슴에 당겨주고 몸 전체를 좌측으로 돌려주고

80 ▶ 坐馬冲拳(좌마충권)Zuò mǎ chōng quán
왼손은 가슴쪽에 당겨주고 오른손은 종권으로 질러준다.

81 ▶ 轉馬拂手(전마불수)Zhuǎn mǎ fú shǒu
상체를 우측으로 돌리며, 오른손을 우측으로 뻗어준다.

82 ▶ 伏手(부수)Fú shǒu
왼손은 가슴쪽으로 당겨주고, 오른손은 앞으로 밀어 준다.

83 ▶ 鏟掌(잔장)Chǎn zhǎng
오른손은 가슴쪽으로 당겨주고, 왼손은 앞으로 밀어 준다.

Technique 005

詠春中級拳術<尋橋> 영춘중급권술(심교)Yǒng chūn zhōngjí quánshù <xún qiáo>
심교

84 ▶ 攤手(탄수)Tānshǒu
왼손바닥을 위를 향해서 들어주고

85 ▶ 標指(표지)Biāo zhǐ
손목을 안쪽으로 돌려준 후

86 ▶ 旋腕(선완)Xuán wàn
주먹을 쥐어 준다.

87 ▶ 收拳(수권)Shōu quán
손을 가슴에 당겨준다.

88 ▶ 正身(정신)Zhèngshēn
우측으로 회전한 정자세에서

89 ▶ 攤手(탄수)Tānshǒu
왼손바닥을 위쪽으로 향하게 하여 올려준 다음,

90 ▶ 轉身欄搥(전신란추) Zhuǎnshēn lán chuí
왼팔을 접고 무게 중심을 오른발에 두고 좌측으로 회전한다.

91 ▶ 橫撐腳1(횡탱각)
Héng chēng jiǎo1
왼발을 올린다.

92 ▶ 橫撐腳2(횡탱각)
Héng chēng jiǎo2
옆으로 찬다.

93 ▶ 正身(정신)Zhèngshēn
정자세에서 왼손바닥이 위를 향하게 팔을 올려준다.

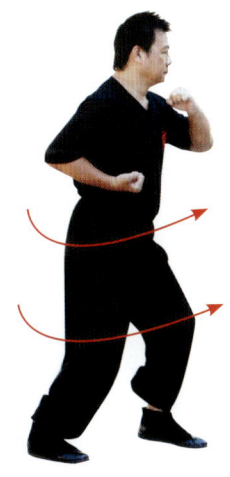

94 ▶ 轉身攔捶(전신란추)
Zhuǎnshēn lán chuí
왼팔을 접고 좌측으로 회전한 후,

95 ▶ 橫撐腳(횡탱각)Héng chēng jiǎo
무게중심을 오른발에 두고 앞으로 차준다.

96 ▶ 拋膀手(포방수)Pāo bǎng shǒu
오른손으로 방어하고 좌측으로 틀어준다.

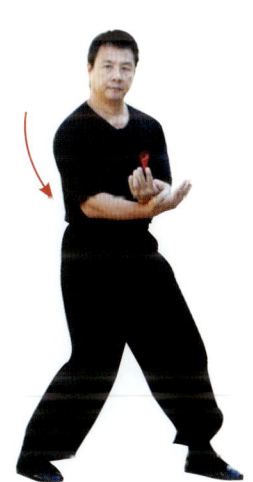

97 ▶ 疊手(첩수)Dié shǒu
왼손을 오른손 위에 올려준다.

98 ▶ 拋膀手(포방수)Pāo bǎng shǒu
오른손으로 방어하고 좌측으로 틀어준다.

Technique 005

詠春中級拳術<尋橋> 영춘중급권술(심교)Yǒng chūn zhōngjí quánshù <xún qiáo>
심교

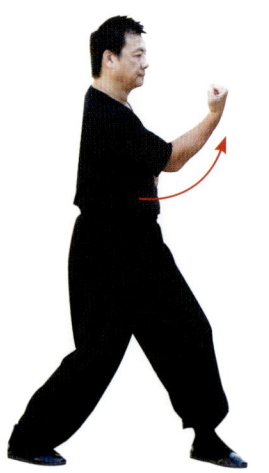

99 ▶ 抽拳(추권)Chōu quán
오른손을 역권 형태로 질러준다.

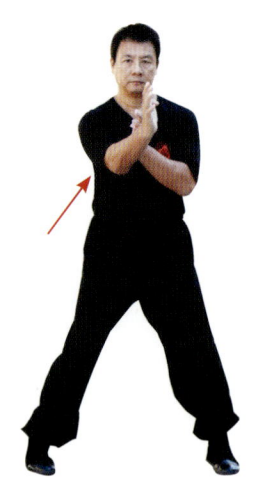

100 ▶ 問手(문수)Wèn shǒu
양손을 준비 자세로 모아준다.

101 ▶ 轉身攔捶(전신란추) Zhuǎnshēn lán chuí
왼발에 중심을 주고, 몸을 틀어준다.

102 ▶ 橫撐腳1(횡탱각)Héng chēng jiǎo1
오른발을 들어올린 후

103 ▶ 橫撐腳2(횡탱각) Héng chēng jiǎo2
오른손으로 방어하고 앞차기를 한다.

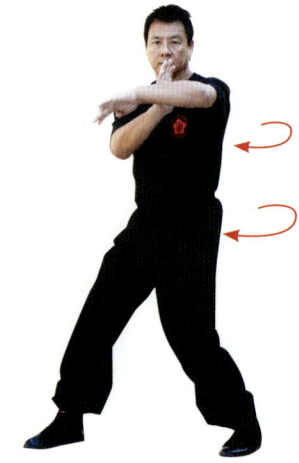

104 ▶ 拋膀手(포방수) Pāo bǎng shǒu
왼손은 방어를 하며 상체를 우측으로 틀어준다.

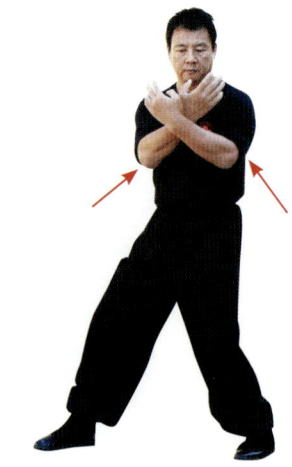

105 ▶ 疊手(첩수)Dié shǒu
양손을 X자형태로 교차하여 올려준 후

106 ▶ 拋膀手(포방수) Pāo bǎng shǒu
왼손은 방어자세, 오른손은 준비 자세를 취한다.

107 ▶ 疊手(첩수)
Dié shǒu
양손을 모아 가슴 아래로 내려준다.

108 ▶ 拋膀手(포방수)
Pāo bǎng shǒu
왼손은 방어하며 상체를 우측으로 틀어준다.

109 ▶ 抽拳(추권)
Chōu quán
왼손을 역권으로 질러 준다.

110 ▶ 伏手(부수)Fú shǒu
왼손은 준비 자세, 오른손은 가슴에 위치하고

111 ▶ 鏟掌(잔장)
Chǎn zhǎng
왼손은 당기고 오른손은 장권으로 질러준다.

    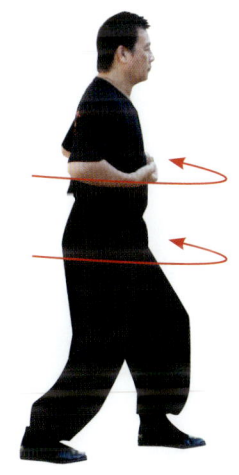

112 ▶ 圈手(권수)
Quān shǒu
오른손을 바깥쪽으로 돌려준다.

113 ▶ 握拳(악권)Wòquán
주먹을 안쪽으로 돌리고

114 ▶ 旋腕(선완)Xuán wàn
주먹을 뒤집어서

115 ▶ 收拳(수권)
Shōu quán
가슴쪽으로 당겨준다.

116 ▶ 轉身(전신)Zhuǎnshēn
몸을 좌측으로 회전시킨다.

Technique 005

詠春中級拳術<尋橋> 영춘중급권술(심교)Yǒng chūn zhōngjí quánshù <xún qiáo>
심교

117 ▶ 正身腳(정신각)
Zhèngshēn jiǎo
무게 중심을 오른발에 싣고 왼발로 앞차기를 한다.

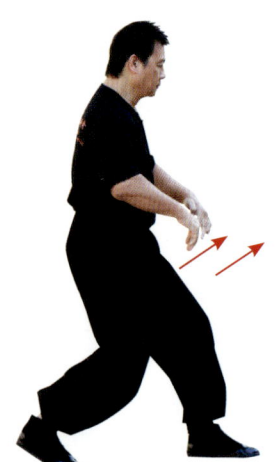

118 ▶ 低膀手(저방수)
Dī bǎng shǒu
양손을 아래로 내리고 왼발을 앞으로 딛어준다.

119 ▶ 雙攤手(쌍탄수)
Shuāng tānshǒu
양손 손바닥을 위로 향하게 하고 올려준다.

120 ▶ 低膀手(저방수)
Dī bǎng shǒu
양손바닥을 아래로 향하게 하고 팔을 들어준다.

121 ▶ 雙攤手(쌍탄수)
Shuāngtānshǒu
양손을 올리면서 손바닥이 위를 향하게 뒤집는다

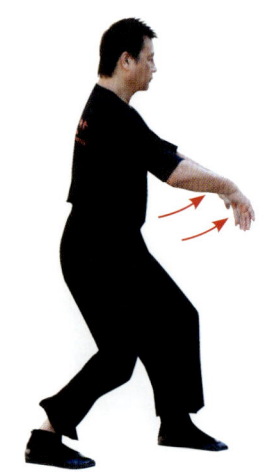

122 ▶ 低膀手(저방수)
Dī bǎng shǒu
양손바닥을 아래로 향하게 하고 올려준다.

123 ▶ 雙攤手(쌍탄수)
Shuāng tānshǒu
손을 뒤집어 밀어 준다.

124 ▶ 雙圈手(쌍권수)
Shuāng quān shǒu
양손을 안쪽으로 돌려준다.

107 ▶ 疊手(첩수)
Dié shǒu
양손을 모아 가슴 아래로 내려준다.

108 ▶ 拋膀手(포방수)
Pāo bǎng shǒu
왼손은 방어하며 상체를 우측으로 틀어준다.

109 ▶ 抽拳(추권)
Chōu quán
왼손을 역권으로 질러준다.

110 ▶ 伏手(부수)Fú shǒu
왼손은 준비 자세, 오른손은 가슴에 위치하고

111 ▶ 鏟掌(잔장)
Chǎn zhǎng
왼손은 당기고 오른손은 장권으로 질러준다.

    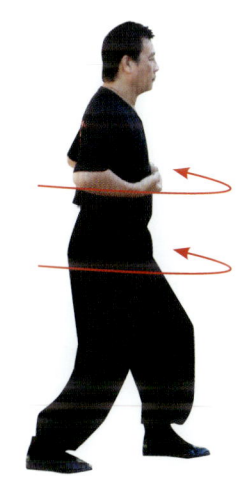

112 ▶ 圈手(권수)
Quān shǒu
오른손을 바깥쪽으로 돌려준다.

113 ▶ 握拳(악권)Wòquán
주먹을 안쪽으로 돌리고

114 ▶ 旋腕(선완)Xuán wàn
주먹을 뒤집어서

115 ▶ 收拳(수권)
Shōu quán
가슴쪽으로 당겨준다.

116 ▶ 轉身(전신)Zhuǎnshēn
몸을 좌측으로 회전시킨다.

Technique 005

詠春中級拳術 <尋橋> 영춘중급권술(심교) Yǒng chūn zhōngjí quánshù <xún qiáo>
심교

117 ▸ 正身腳 (정신각)
Zhèngshēn jiǎo
무게 중심을 오른발에 싣고 왼발로 앞차기를 한다.

118 ▸ 低膀手 (저방수)
Dī bǎng shǒu
양손을 아래로 내리고 왼발을 앞으로 딛어준다.

119 ▸ 雙攤手 (쌍탄수)
Shuāng tānshǒu
양손 손바닥을 위로 향하게 하고 올려준다.

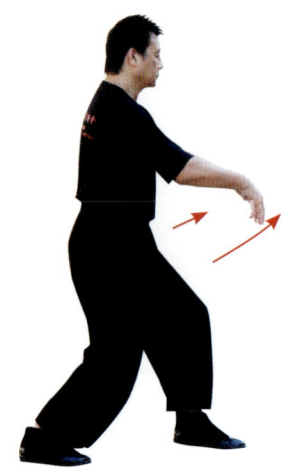

120 ▸ 低膀手 (저방수)
Dī bǎng shǒu
양손바닥을 아래로 향하게 하고 팔을 들어준다.

121 ▸ 雙攤手 (쌍탄수)
Shuāngtānshǒu
양손을 올리면서 손바닥이 위를 향하게 뒤집는다

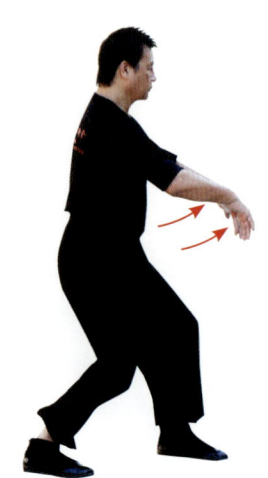

122 ▸ 低膀手 (저방수)
Dī bǎng shǒu
양손바닥을 아래로 향하게 하고 올려준다.

123 ▸ 雙攤手 (쌍탄수)
Shuāng tānshǒu
손을 뒤집어 밀어 준다.

124 ▸ 雙圈手 (쌍권수)
Shuāng quān shǒu
양손을 안쪽으로 돌려준다.

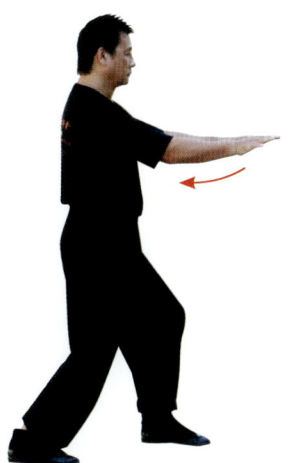

125 ▶ 收窒手(수질수)
Shōu zhì shǒu
양손을 펴서 몸안쪽으로 당겨준다.

126 ▶ 雙推掌(쌍추장)Shuāng tuīzhǎng
오른발을 당기며 양손을 장권으로 질러준다.

127 ▶ 雙掛拳((쌍쾌권)
Shuāng guà quán
양손을 주먹 쥐고 아래로 팔을 내린다.

128 ▶ 轉身(전신)Zhuǎnshēn
우측으로 몸을 회전한다.

129 ▶ 正身腳(정신각)
Zhèngshēn jiǎo
오른발로 앞차기를 한 후

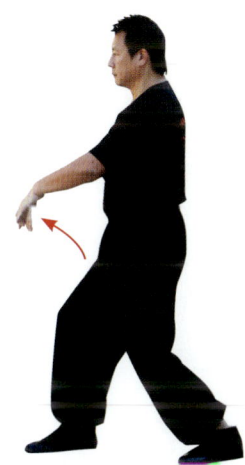

130 ▶ 低膀手(저방수)
Dī bǎng shǒu
양손바닥을 아래로 향하고 팔을 위로 올린다.

131 ▶ 雙攤手(쌍탄수)
Shuāng tānshǒu
손바닥을 뒤집어서 올린다.

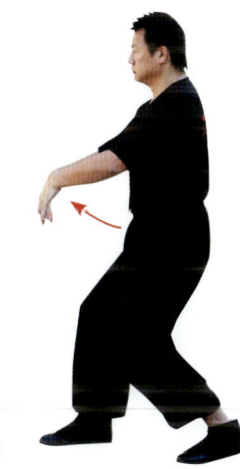

132 ▶ 低膀手(저방수)
Dī bǎng shǒu
손바닥을 아래로 향하게 뒤집어서 올린다.

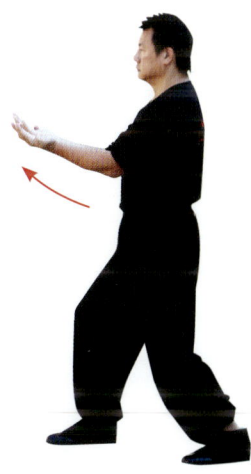

133 ▶ 雙攤手(쌍탄수)
Shuāng tānshǒu
손바닥을 위로 향하게 한 후 올려준다.

Technique 005

詠春中級拳術<尋橋> 영춘중급권술(심교)Yǒng chūn zhōngjí quánshù <xún qiáo>
심교

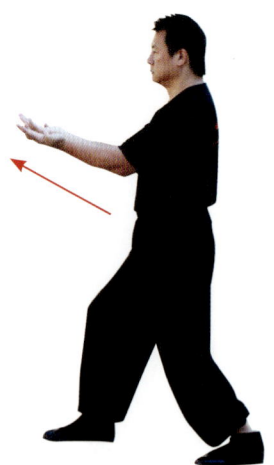

134 ▶ 雙膀手(쌍방수)Shuāng bǎng shǒu
양 손바닥을 위로 향해서 밀어준다.

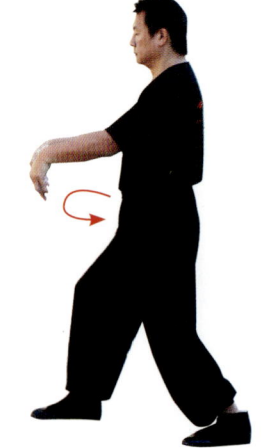

135 ▶ 雙攤手(쌍탄수)Shuāng tānshǒu
양손을 안쪽으로 돌려준 후

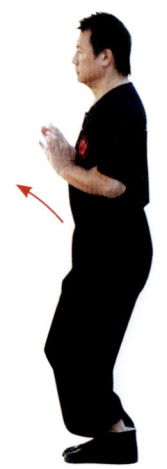

136 ▶ 雙圈手(쌍권수)Shuāng quān shǒu
왼발을 당기고 양손을

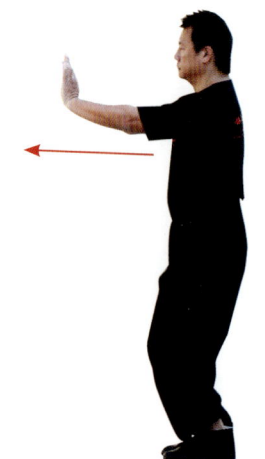

137 ▶ 雙攤掌(쌍탄장)Shuāng tān zhǎng
장권으로 질러준다.

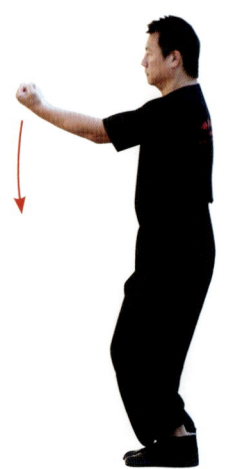

138 ▶ 雙掛拳(쌍쾌권)Shuāng guà quán
양손을 주먹 쥐고 뒤집어서 내리고

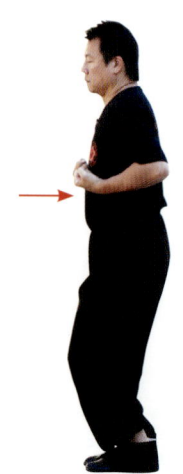

139 ▶ 收拳(수권)Shōu quán
양손을 가슴쪽으로 당겨준다.

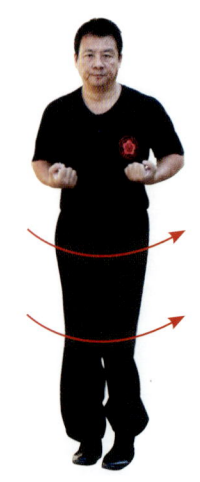

140 ▶ 合腳(합각)Héjiǎo
양손과 양발을 모아준다.

141 ▶ 斜踢腳(사척각)Xié tī jiǎo
무게 중심을 오른발에 주고 왼발을 들어 올린다.

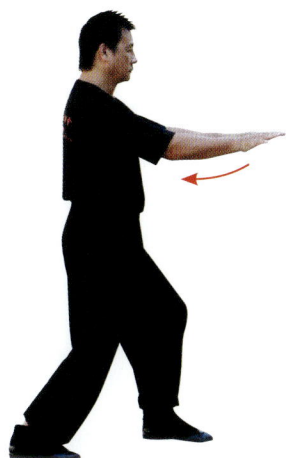

125 ▶ 收窒手(수질수)
Shōu zhì shǒu
양손을 펴서 몸안쪽으로 당겨
준다.

126 ▶ 雙推掌(쌍추장)Shuāng
tuīzhǎng
오른발을 당기며 양손을 장권으
로 질러준다.

127 ▶ 雙掛拳((쌍쾌권)
Shuāng guà quán
양손을 주먹 쥐고 아래로 팔을
내린다.

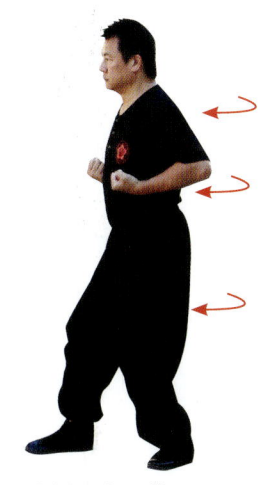

128 ▶ 轉身(전신)Zhuǎnshēn
우측으로 몸을 회전한다.

129 ▶ 正身腳(정신각)
Zhèngshēn jiǎo
오른발로 앞차기를 한 후

130 ▶ 低膀手(저방수)
Dī bǎng shǒu
양손바닥을 아래로 향하
고 팔을 위로 올린다.

131 ▶ 雙攤手(쌍탄수)
Shuāng tānshǒu
손바닥을 뒤집어서 올
린다.

132 ▶ 低膀手(저방수)
Dī bǎng shǒu
손바닥을 아래로 향하게
뒤집어서 올린다.

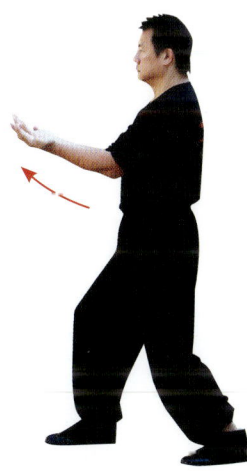

133 ▶ 雙攤手(쌍탄수)
Shuāng tānshǒu
손바닥을 위로 향하게
한 후 올려준다.

Technique 005

詠春中級拳術 <尋橋> 영춘중급권술(심교) Yǒng chūn zhōngjí quánshù <xún qiáo>
심교

134 ▶ 雙膀手(쌍방수)Shuāng bǎng shǒu
양 손바닥을 위로 향해서 밀어 준다.

135 ▶ 雙攤手(쌍탄수)Shuāng tānshǒu
양손을 안쪽으로 돌려준 후

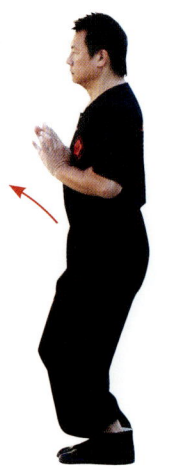

136 ▶ 雙圈手(쌍권수)Shuāng quān shǒu
왼발을 당기고 양손을

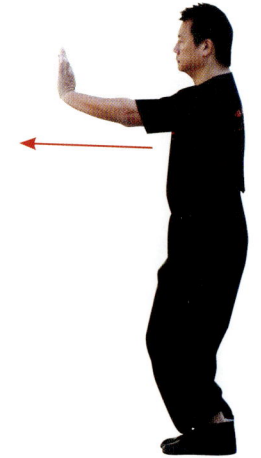

137 ▶ 雙攤掌(쌍탄장)Shuāng tān zhǎng
장권으로 질러준다.

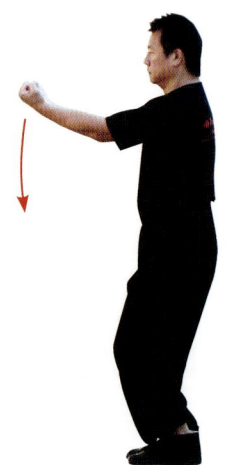

138 ▶ 雙掛拳(쌍쾌권)Shuāng guà quán
양손을 주먹 쥐고 뒤집어서 내리고

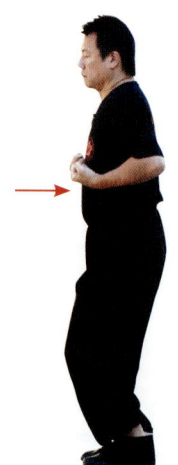

139 ▶ 收拳(수권)Shōu quán
양손을 가슴쪽으로 당겨준다.

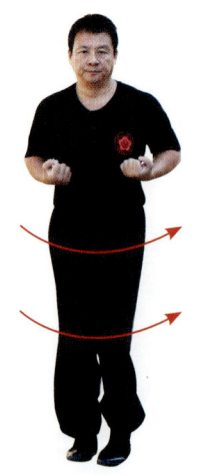

140 ▶ 合腳(합각)Héjiǎo
양손과 양발을 모아준다.

141 ▶ 斜踢腳(사척각)Xié tī jiǎo
무게 중심을 오른발에 주고 왼발을 들어 올린다.

142 ▶ 按手1(안수)Àn shǒu1
무게중심을 오른쪽 다리에 두고 좌측으로 틀며 오른손을 아래로 밀어 준다.

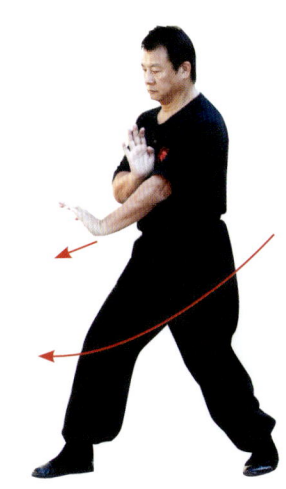

143 ▶ 按手2(안수)Àn shǒu2
반대로 왼손을 우측아래로 밀어 준다.

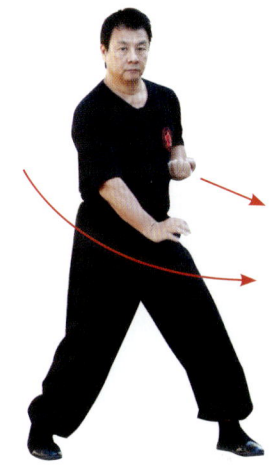

144 ▶ 按手3(안수)Àn shǒu3
다시 반대로 오른손을 아래로 밀어 준다.

145 ▶ 冲拳(충권)Chōng quán
오른손을 종권으로 질러 준다.

146 ▶ 冲拳(충권)Chōng quán
왼손을 종권으로 질러 준다.

147 ▶ 㨂手(감수)Kǎn shǒu
오른손을 좌측 아래로 밀어 준다.

Technique 005

詠春中級拳術 <尋橋> 영춘중급권술(심교) Yǒng chūn zhōngjí quánshù <xún qiáo>
심교

148 ▸ 冲拳(충권)Chōng quán
오른손을 종권으로 질러준다.

149 ▸ 連環拳1(련환권)
Liánhuán quán1
오른손은 가슴에 당기고 왼손은 종권으로 지른 후,

150 ▸ 連環拳2(련환권)
Liánhuán quán2
다시 왼손은 가슴에 당기고 오른손은 종권으로 질러준다.

151 ▸ 連環拳3(련환권)
Liánhuán quán3
반대로 오른손은 가슴에 당기고 왼손은 종권으로 질러준다.

152 ▸ 攤手(탄수)Tānshǒu
왼손을 펴고,

153 ▸ 圈手(권수)Quān shǒu
손목을 안쪽으로 돌려준 뒤,

154 ▸ 標指(표지)Biāo zhǐ
팔을 접어준다.

155 ▸ 握拳(악권)Wòquán
주먹을 쥐고,

156 ▶ 旋腕(선완) Xuán wàn
주먹을 뒤집는다

157 ▶ 收拳(수권) Shōu quán
왼손을 가슴에 가져다 댄 후,

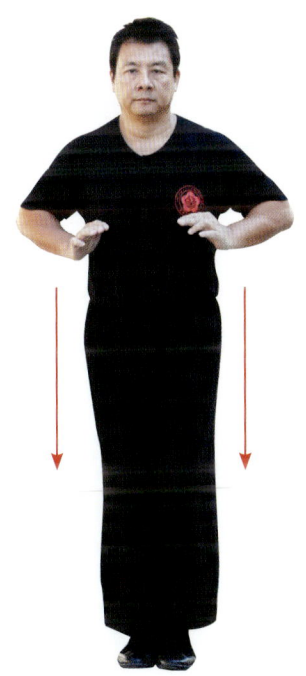

158 ▶ 收式(수식) Shōu shì
다리를 모으고 양손을 아래로 내린다.

159 ▶ 收勢(수세) Shōu shì
준비 자세로 돌아온다.

Technique 006

詠春 木人椿 (영춘 목인장) Yǒng chūn mù rén zhuāng

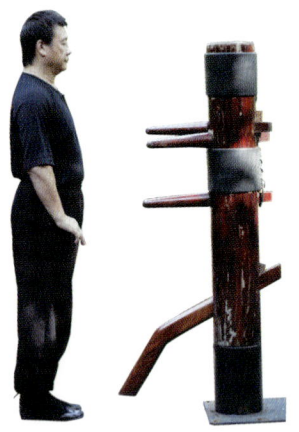

01 ▶ 準備(준비)zhǔnbèi
준비 자세

02 ▶ 抽拳(추권)Chōu quán
양손을 가슴쪽으로 당긴다

03 ▶ 問手1(문수)Wèn shǒu1
왼손으로, 좌측공격을 방어한다.

04 ▶ 問手2(문수)Wèn shǒu2
오른손으로, 우측공격을 방어한다.

05 ▶ 問手3(문수)Wèn shǒu3
왼손으로, 좌측공격을 방어한다.

06 ▶ 獵脛手(엽경수)Liè jìng shǒu
좌측으로 몸을 틀고 왼손으로, 방어를 우측손으로 얼굴을 가격한다.

07 ▶ 膀手(방수)Bǎng shǒu
좌측으로, 이동 후 오른팔로 우측공격을 방어한다.

08 ▶ 攤手低掌(탄수저장)Tānshǒu dī zhǎng
우측으로, 몸을 틀어주고, 우측공격을 오른손으로 방어하고, 왼손으로 오른쪽 옆구리를 가격한다.

09 ▶ 耕手(경수)Gēng shǒu
왼팔로 가슴 공격을 방어하고 오른팔로 복부공격을 방어한다.

10 ▶ 細手(세수)Xì shǒu
오른팔로 가슴공격을 방어하고, 왼쪽 팔등으로 복부공격을 방어한다.

11 ▶ 攤手低掌(탄수저장)Tānshǒu dī zhǎng
우측으로 몸을 틀어 왼쪽팔등으로 가슴공격을 방어하고, 오른손 장권으로 옆구리를 공격한다.

12 ▶ 耕手(경수)Gēng shǒu
오른팔로 가슴공격을 방어하고, 왼팔로 복부공격을 방어한다.

13 ▶ 圈枕手(권침수)Quān zhěn shǒu
우측으로 몸을 틀어 왼팔로 가슴공격을 방어하고 오른손으로 2차공격을 방어하고, 밀어준다.

14 ▶ 窒手撲掌(질수박장)Zhì shǒu pū zhǎng
가슴공격을 왼손으로 감아서 방어하고, 오른손 장권으로 안면을 공격한다.

15 ▶ 雙窒手(쌍질수)Shuāng zhì shǒu
양손 공격을 두손으로 위에서 아래로 끌어내리며 방어한다.

Technique 006

詠春 木人樁 (영춘 목인장) Yǒng chūn mù rén zhuāng

16 ▶ 雙托手(쌍탁수)Shuāng tuō shǒu
양손공격을 두손으로 아래에서 위로 쳐올려 주며 방어한다.

17 ▶ 收拳(수권)Shōu quán
양손을 가슴쪽으로 당겨준다.

18 ▶ 問手1(문수)Wèn shǒu1
가슴공격을 오른쪽 팔등으로 방어한다.

19 ▶ 問手2(문수)Wèn shǒu2
가슴공격을 왼쪽 팔등으로 방어한다.

20 ▶ 問手3(문수)Wèn shǒu3
가슴공격을 오른쪽 팔등으로 방어한다.

21 ▶ 獵脛手(엽경수)Liè jìng shǒu
가슴공격을 오른손으로 잡고 왼손으로 안면을 공격한다.

22 ▶ 膀手(방수)Bǎng shǒu
가슴공격을 왼팔을 들어올려 방어한다.

23 ▶ 攤手低掌(탄수저장)Tānshǒu dī zhǎng
가슴공격을 몸을 좌측으로 틀고 왼팔로 방어하고 오른손으로 옆구리를 공격한다.

24 ▶ 耕手(경수)Gēng shǒu
가슴공격을 오른팔로 방어하고 복부공격을 왼손으로 방어한다.

25 ▶ 細手(세수)Xì shǒu
가슴공격을 왼팔로 방어하고 복부공격을 오른팔로 방어한다.

26 ▶ 攤手低掌(탄수저장)Tānshǒu dī zhǎng
좌측으로 몸을 틀고 가슴공격을 오른팔로 방어한 후 왼팔로 옆구리를 공격한다.

27 ▶ 耕手(경수)Gēng shǒu
가슴공격을 왼팔로 방어하고, 복부공격을 오른팔로 방어한다.

28 ▶ 圈枕手(권침수)Quān zhěn shǒu
가슴공격을 오른팔로 방어하고, 왼손으로 2차공격을 밀어 준다.

29 ▶ 扣手底掌1(구수저장)Kòu shǒu dǐ zhǎng1
가슴공격을 오른손으로 감아주며 방어하고, 왼손으로 옆구리를 공격한다.

30 ▶ 扣手底掌2(구수저장)Kòu shǒu dǐ zhǎng2
가슴공격을 왼손으로 감아주며 방어하고, 오른손으로 옆구리를 공격한다.

31 ▶ 扣手底掌3(구수저장)Kòu shǒu dǐ zhǎng3
가슴공격을 오른손으로 감아주며 방어하고, 왼손으로 옆구리를 공격한다.

Technique 006

詠春 木人樁 (영춘 목인장) Yǒng chūn mù rén zhuāng

32 ▶ 雙窒手(쌍질수)Shuāng zhì shǒu
양손 공격을 두손을 모아 밀면서 방어한다.

33 ▶ 雙托手(쌍탁수)Shuāng tuō shǒu
양손공격을 두손으로 아래에서 위로 밀어올리며 방어한다.

34 ▶ 拍手1(박수)Pāishǒu1
가슴공격을 오른손으로, 안쪽으로 밀며 방어한다.

35 ▶ 拍手2(박수)Pāishǒu2
가슴공격을 왼손으로, 안쪽으로 밀며 방어한다.

36 ▶ 拍手3(박수)Pāishǒu3
가슴공격을 오른손으로, 안쪽으로 밀며 방어한다.

37 ▶ 扣手(구수)Kòu shǒu
가슴공격을 왼손으로, 돌려감아 방어한다.

38 ▶ 剎脛手(찰경수)Shā jìng shǒu
가슴공격을 왼쪽팔뚝으로 방어하고, 동시에 손날로 안면을 공격한다.

39 ▶ 踭(肘)底拳(정주지권)Zhēng (zhǒu) dǐ quán
가슴공격을 왼손으로 돌려감아 방어하고, 오른손 종권으로 명치를 공격한다.

40 ▶ 扣手(구수)Kòu shǒu
가슴공격을 오른손으로 돌려 감아 방어한다.

41 ▶ 剎脛手(찰경수)Shā jìng shǒu
가슴공격을 오른팔 팔뚝으로 방어하고, 동시에 손날로 안면을 공격한다.

42 ▶ 踭(肘)底拳(정주지권)Zhēng (zhǒu) dǐ quán
가슴공격을 오른손으로 돌려감아 방어하고, 왼손 종권으로 명치를 공격한다.

43 ▶ 雙窒手(쌍질수)Shuāng zhì shǒu
양손공격을 두손으로 끌어내리며 방어한다.

44 ▶ 托手(쌍탁수)Shuāng tuō shǒu
양손공격을 아래에서 위로 밀어 올리며 방어한다.

47 ▶ 低膀手(저방수)Dī bǎng shǒu
좌측으로 몸을 틀어 복부공격을 오른쪽 팔등으로 밀며 방어한다.

詠春 木人樁 (영춘 목인장) Yǒng chūn mù rén zhuāng

48 ▶ 拍刹手(박찰수)Pāi shā shǒu
우측으로 몸을 틀며 가슴공격을 왼손으로 밀어 방어하고 오른손으로 옆구리를 공격한다.

49 ▶ 低膀手(저방수)Dī bǎng shǒu
우측으로 몸을 틀며 복부공격을 왼쪽 팔등으로 밀며 방어한다.

50 ▶ 拍刹手(박찰수)Pāi shā shǒu
좌측으로 몸을 틀며 가슴공격을 오른손으로 방어하고, 왼손날로 옆구리를 공격한다.

51 ▶ 拍刹手(박찰수)Pāi shā shǒu
상대방이 왼팔을 잡았을 경우 우측으로 몸을 틀며 왼발로 복부를 공격한다.

52 ▶ 耕手(경수)Gēng shǒu
가슴공격을 오른쪽 팔뚝으로 방어하고, 왼팔로 복부공격을 방어한다.

53 ▶ 圈枕手(권침수)Quān zhěn shǒu
가슴공격을 왼쪽팔뚝으로 방어하고, 오른손으로 2차공격을 방어한다.

54 ▶ 窒手正掌(질수정장)Zhì shǒu zhèng zhǎng
가슴공격을 왼손으로 끌어내리며 방어하고, 오른손 장권으로 안면을 공격한다.

55 ▶ 雙窒手(쌍질수)Shuāng zhì shǒu
양손공격을 두손으로 위에서 아래로 내려주면서 방어한다.

56 ▶ 雙托手(쌍탁수)Shuāng tuō shǒu
양손공격을 두손으로 아래에서, 위로 밀어 올리면서 방어한다.

57 ▶ 問手(문수)Wèn shǒu
가슴공격을 왼팔로 방어하고, 오른손으로 2차공격을 밀어주며 방어한다.

木人樁 實戰手法 (목인장 실전수법) mù rén zhuāng shízhàn shǒufǎ
목인장 실전 기술

01 ▶ 問手(문수) Wèn shǒu
상대방의 오른손공격을 오른손으로 밀면서 방어하고, 왼손으로 상대방의 목을 공격한다.

02 ▶ 問手(문수) Wèn shǒu
상대방의 왼손공격을 오른손으로 밀면서 방어하면서 그대로 상대방의 목을 공격한다.

 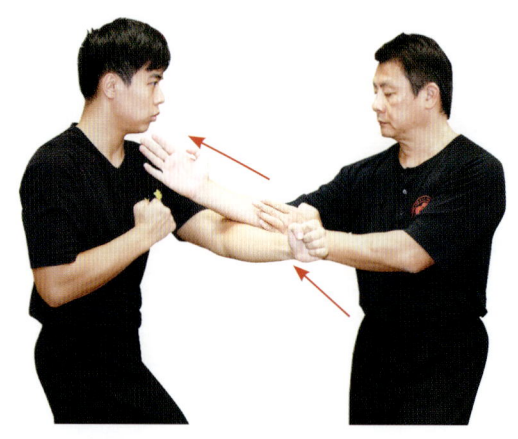

03 ▶ 問手(문수) Wèn shǒu
상대방의 왼손공격을 왼손으로 밀어내리며 방어하고, 오른 손으로 상대방의 목을 공격한다.

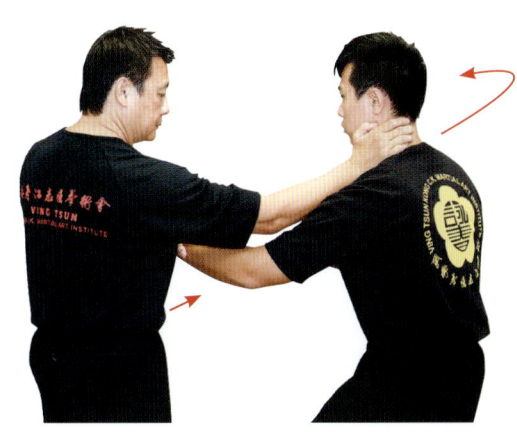

04 ▶ 獵脛手(엽경수)Liè jìng shǒu
상대방의 왼손공격을 왼손으로 방어하고, 오른 손으로 상대방의 안면, 목을 공격한다.

05 ▶ 膀手(방수)Bǎng shǒu
상대방의 오른손 공격을 오른손 팔을 안으로 돌리며 방어한다.

06 ▶ 攤手低掌(탄수저장)Tān shǒu dī zhǎng
몸을 우측으로 틀며 방어했던 상대방의 오른손공격을 오른팔을 밀며 왼손으로 상대방의 옆구리를 공격한다.

Technique 007

木人椿 實戰手法 (목인장 실전수법) mù rén zhuāng shízhàn shǒufǎ
목인장 실전 기술

  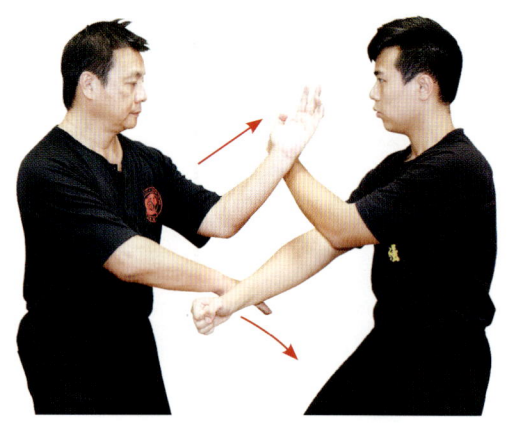

07 ▶ 耕手(경수) Gēng shǒu
상대방의 왼손공격을 왼손을 밀어 올리며 방어하고, 오른손 복부공격을 오른손을 아래로 밀며 방어한다.

 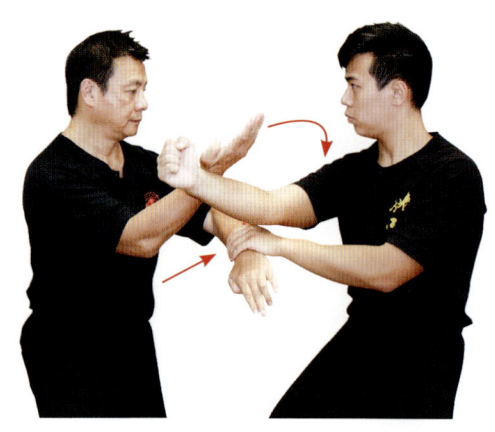

08 ▶ 綑手(곤수) Kǔn shǒu
상대방의 오른손공격을 오른손을 우측으로 돌리며 방어하고, 왼손을 밀어 올리며 공격한다.

 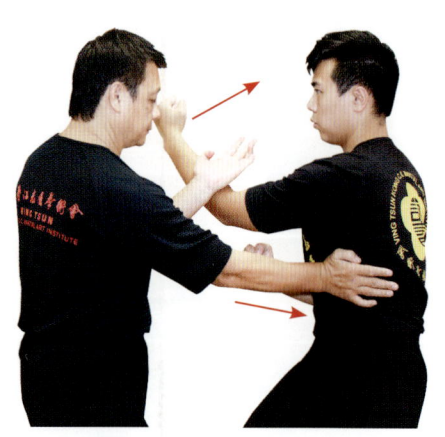

09 ▶ 攤手低掌(탄수저장) Tān shǒu dī zhǎng
상대방의 왼손공격을 왼손으로 밀어 쳐내고 오른손으로 상대방 왼쪽 옆구리를 공격한다.

10 ▶ 耕手(경수) Gēng shǒu
상대방의 왼손공격을 오른팔을 밀어 올리며 방어하고, 왼손으로 2차 방어를 해준다.

11 ▶ 圈手枕手(권수침수) Quān shǒuzhěn shǒu
상대방의 오른손 공격을 몸을 우측으로 틀며 왼쪽 팔꿈치로 방어하고, 오른손으로 2차 방어한다.

 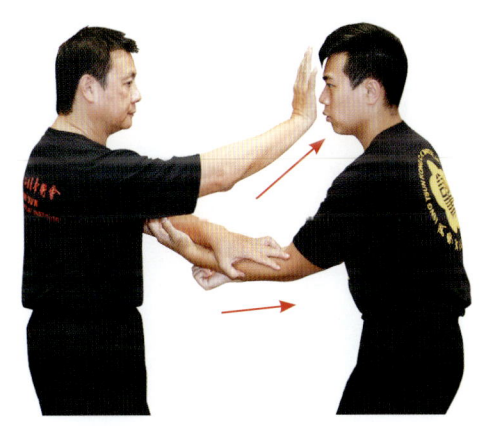

12 ▶ 窒手撲掌(질수박장) Zhì shǒu pū zhǎng
상대방의 왼손공격을 왼손으로 상대방의 팔을 잡아 밀며 방어하고, 오른손은 상대방 안면을 장권으로 공격한다.

Technique 007

木人樁 實戰手法 (목인장 실전수법) mù rén zhuāng shízhàn shǒufǎ
목인장 실전 기술

 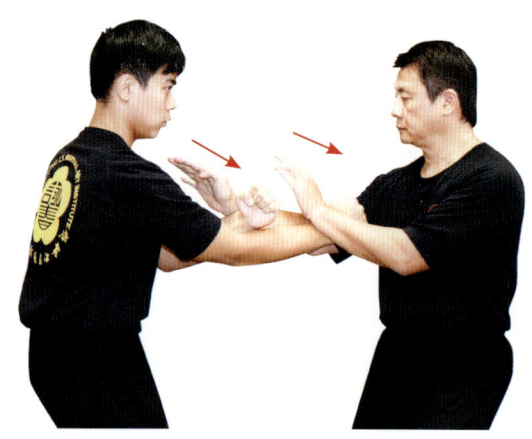

13 ▶ 雙窒手(쌍질수) Shuāng zhì shǒu
상대방의 오른손, 왼손 공격을 양손으로 위에서 아랫방향으로 끌어내리며 방어한다.

 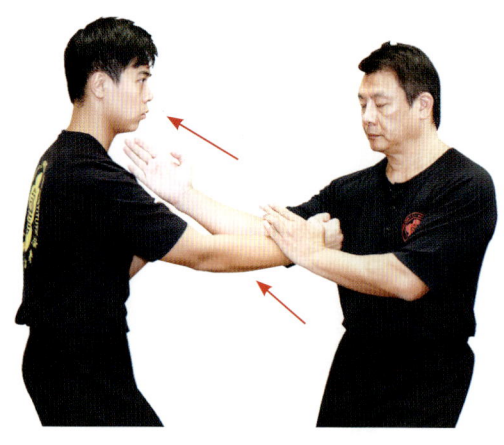

14 ▶ 問手(문수) Wèn shǒu
상대방의 오른손공격을 왼손으로 안쪽으로 밀어서 방어하고, 오른손으로 상대방의 턱, 안면을 공격한다.

 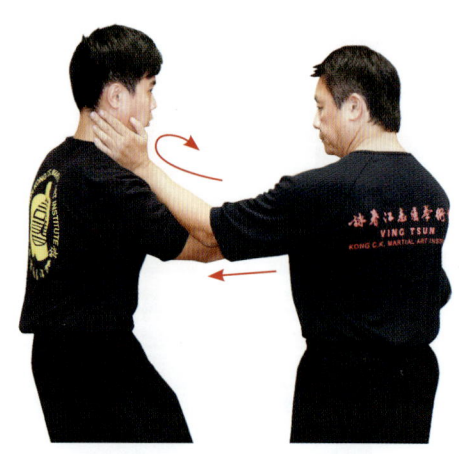

15 ▶ 獵脛手(엽경수) Liè jìng shǒu
상대방의 오른손공격을 오른손으로 잡아끌며, 왼손으로 상대방의 목을 공격한다.

16 ▸ 耕手(경수)Gēng shǒu
상대방의 공격을 왼팔로 밀면서 방어하고, 상대방의 왼손공격을 오른손으로 밀며 방어한다.

17 ▸ 攤手(탄수)Tānshǒu低掌
상대방의 오른손공격을 오른손으로 쳐내서 방어하고, 왼손은 상대방의 옆구리를 장권으로 공격한다.

 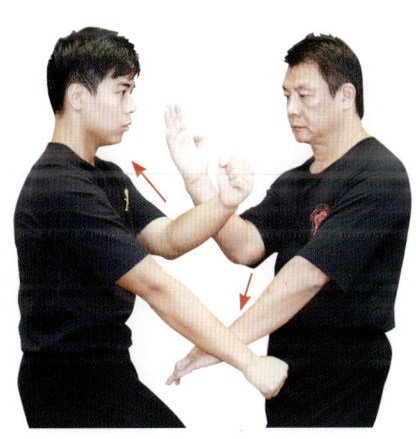

18 ▸ 耕手(경수)Gēng shǒu
상대방의 왼손공격을 오른팔로 밀어올리며 방어하고, 상대방의 오른손공격을 왼팔로 밀어내리며 방어한다.

Technique 007

木人樁 實戰手法 (목인장 실전수법) mù rén zhuāng shízhàn shǒufǎ
목인장 실전 기술

19 ▶ 綑手(곤수) Kǔn shǒu
상대방의 오른손 공격을 왼팔로 돌려밀며 방어하고, 왼손 공격을 오른손으로 밀며 방어한다.

20 ▶ 綑手(곤수) Kǔn shǒu
상대방의 왼손 공격을 왼손으로 밀어 올리며 방어하고, 오른손 공격을 오른손으로 밀어내리며 방어한다.

 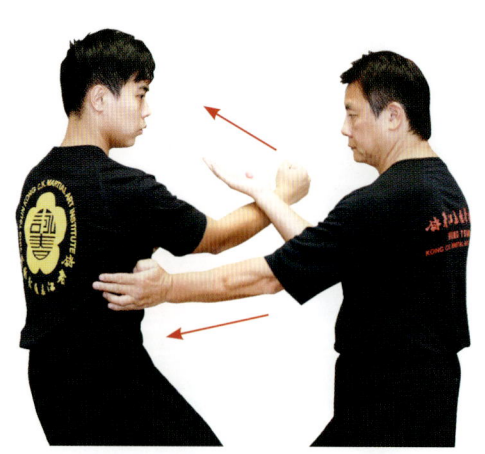

21 ▶ 攤手低掌(탄수저장) Tānshǒu dī zhǎng
상대방의 오른손공격을 오른팔로 밀어올리며 방어하고, 왼손으로 상대방의 옆구리를 공격한다.

22 ▶ 枕手(침수) Zhěn shǒu
상대방의 오른손 공격을 왼팔로 밀어올리며 방어하고, 왼손공격을 오른손으로 밀어 내리며 방어한다.

23 ▶ 圈枕手(권침수) Quān zhěn shǒu
상대방의 오른손 공격을 몸을 우측의로 틀며 왼손으로 상대방의 팔을 잡고, 오른팔로 밀어 올리며 방어 및 공격을 한다.

 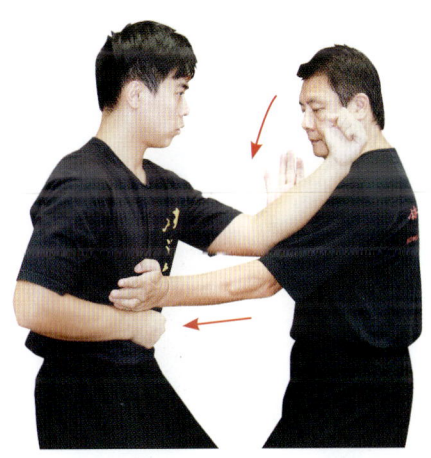

24 ▶ 底掌(저장) Dǐ zhǎng
상대방의 왼손공격을 오른손목으로 휘어 감으며 방어하고, 왼손은 장권으로 상대방의 명치를 공격한다.

Technique 007

木人樁 實戰手法 (목인장 실전수법) mù rén zhuāng shízhàn shǒufǎ
목인장 실전 기술

  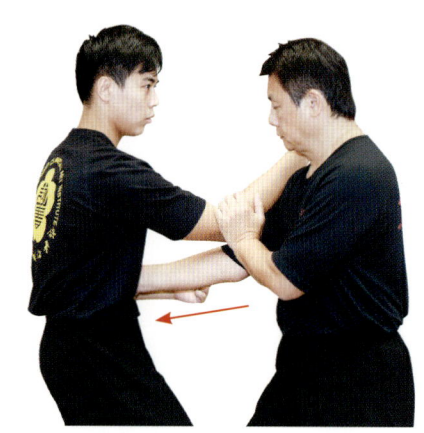

25 ▶ 底掌(저장) Dǐ zhǎng
상대방의 오른손공격을 왼손으로 방어하고 오른손으로 상대방의 명치를 공격한다.

26 ▶ 底掌(저장) Dǐ zhǎng
상대방의 오른손 공격을 우측으로 몸을 틀며 왼손으로 방어하고 오른손으로 상대방의 명치를 공격한다.

  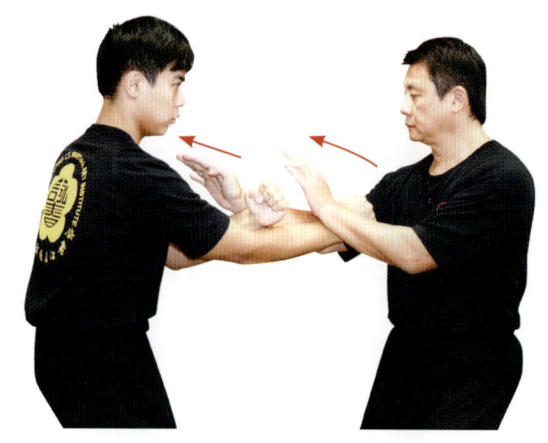

27 ▶ 雙窒手(쌍질수) Shuāng zhì shǒu
상대방의 오른손, 왼손 공격을 양손으로 모아 밀며 방어한다.

  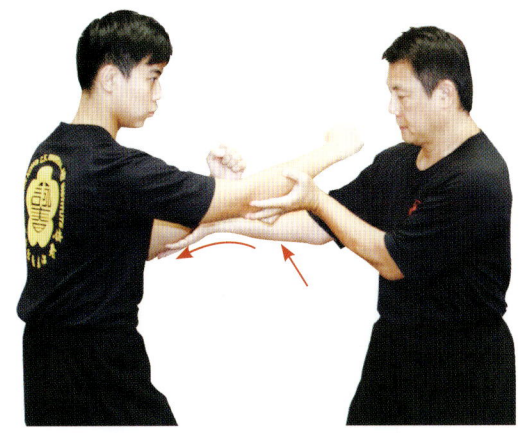

28 ▶ 雙托手(쌍탁수)Shuāng tuō shǒu
상대방의 오른손공격을 왼손으로 위로 밀고 왼손공격을 오른손으로 밀며 방어한다.

 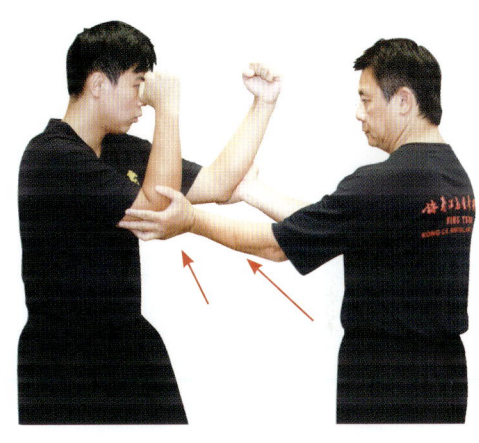

29 ▶ 雙托手(쌍탁수)Shuāng tuō shǒu
상대방의 오른손, 왼손 공격을 양손으로 상대방 팔꿈치를 위로 밀며 방어한다.

30 ▶ 拍手(박수)Pāishǒu
상대방 오른손공격을 오른손으로 몸 안쪽으로 밀며 방어한다.

Technique 007

木人椿 實戰手法 (목인장 실전수법) mù rén zhuāng shízhàn shǒufǎ
목인장 실전 기술

 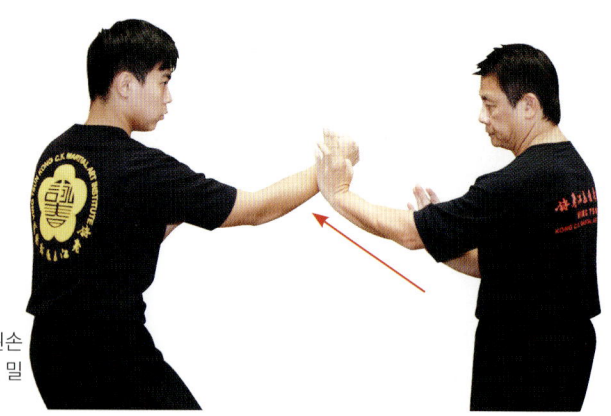

31 ▶ 拍手(박수) Pāishǒu
상대방의 오른손 공격을 왼손으로 상대방의 몸안쪽으로 밀며 방어한다.

 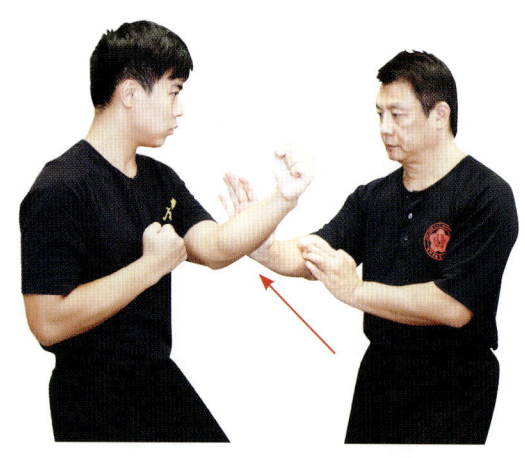

32 ▶ 拍手(박수) Pāishǒu
상대방의 왼손공격을 오른손으로 밀며 방어한다.

33 ▶ 扣手(구수) Kòu shǒu
상대방의 오른손공격을 왼손으로 돌려 감아 밀어서 방어한다.

34 ▸ 刹脛手(찰경수)Shā jìng shǒu
상대방이 오른손으로 공격할 때 왼팔로 순간 방어하고 왼손으로 상대방의 안면을 공격한다.

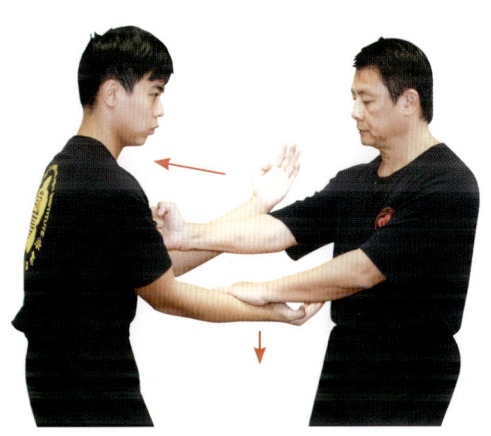

35 ▸ 踭(肘)底拳(정주지권)Zhēng(zhǒu)dǐ quán
상대방 오른손 공격을 왼손으로 감아내리며 동시에 오른손으로 상대방의 명치를 공격한다.

36 ▸ 扣手(구수)Kòu shǒu
상대방의 왼손공격을 오른손으로 감아 내리고 왼손 장권으로 상대방의 안면을 공격한다.

Technique 007

木人樁 實戰手法 (목인장 실전수법) mù rén zhuāng shízhàn shǒufǎ
목인장 실전 기술

37 ▶ 剎脛手(찰경수) Shā jìng shǒu
상대방의 왼손공격을 왼손으로 잡고 밀며 방어하고 오른손으로 상대방 안면을 공격한다.

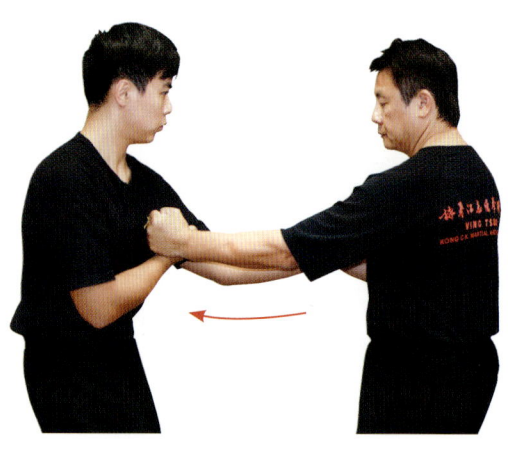

38 ▶ 踭(肘)底拳(정주지권) Zhēng (zhǒu) dǐ quán
상대방의 왼손공격을 오른손으로 잡고 내리며 방어하고 왼손 종권으로 상대방의 명치를 공격한다.

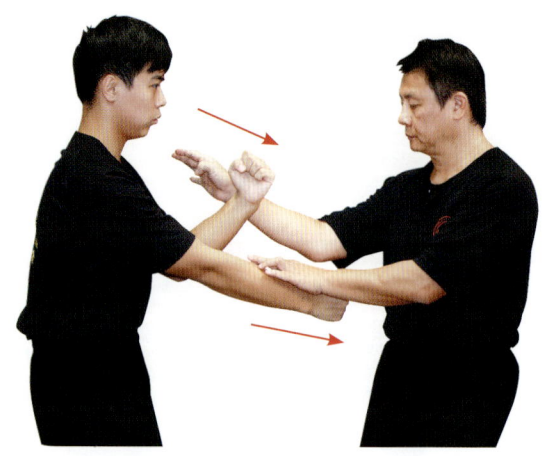

39 ▶ 雙窒手(쌍질수) Shuāng zhì shǒu
상대방의 오른손, 왼손 공격을 양손으로 끌어내리며 방어한다.

  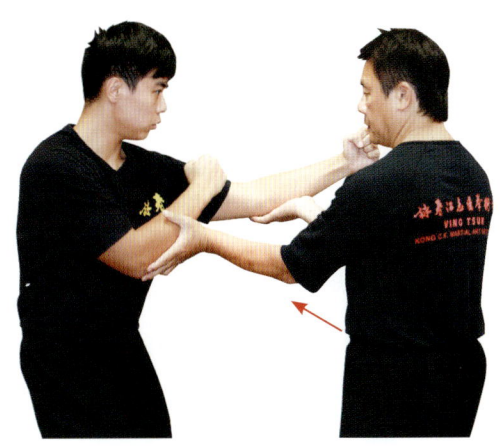

40 ▶ 雙托手(쌍탁수)Shuāng tuō shǒu
상대방의 왼손, 오른손 공격을 양손으로 상대방의 팔꿈치를 잡아올리며 방어한다.

41 ▶ 低膀手(저방수)Dī bǎng shǒu
상대방의 왼손공격을 오른팔꿈치를 들어올리며 팔등으로 방어한다.

42 ▶ 拍剎手(박찰수)Pāi shā shǒu
상대방의 오른손공격을 왼손으로 상대방 팔꿈치를 밀어내리고 오른손 손날로 상대방 갈비뼈를 공격한다.

Technique 007

木人樁 實戰手法 (목인장 실전수법) mù rén zhuāng shízhàn shǒufǎ
목인장 실전 기술

43 ▶ 低膀手(저방수) Dī bǎng shǒu
상대방 오른손공격을 몸을 우측으로 틀며 왼쪽 팔등으로 걷어내며 방어한다.

44 ▶ 剎脛手(찰경수) Shā jìng shǒu
상대방 왼손공격을 오른손으로 상대방의 왼팔을 밀어주고, 왼쪽 손날로 상대방의 목을 공격한다.

 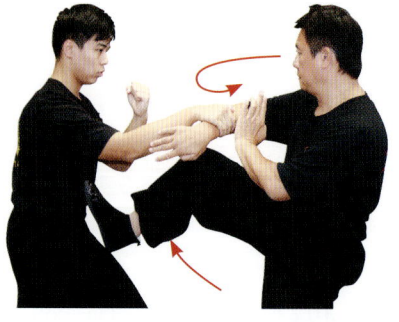 

45 ▶ 膀手橫踢腳(방수횡척각) Bǎng shǒu héng tī jiǎo1
상대방이 오른팔을 잡았을때 좌측으로 몸을 틀며 오른발로 복부를 차 밀어 준다.

46 ▶ 膀手橫踢腳(방수횡척각) Bǎng shǒu héng tī jiǎo2
상대방이 왼팔을 잡았을때 우측으로 몸을 틀며 왼발로 복부를 차 밀어 준다.

47 ▶ 耕手(경수) Gēng shǒu
상대방의 오른손 공격을 오른손으로 밀어주며 방어하고, 왼손공격을 왼손으로 밀어 올려주며 방어한다.

 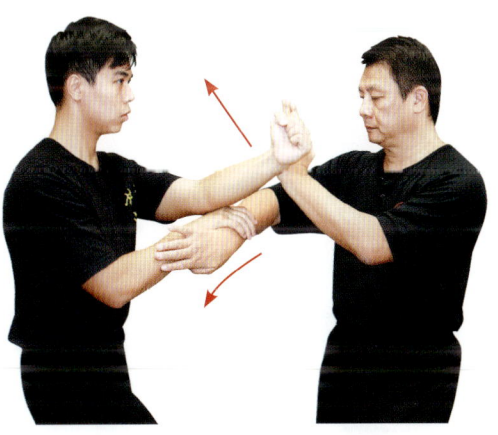

48 ▶ 圈枕手(권침수) Quān zhěn shǒu
상대방의 왼손공격을 왼손으로 밀어 올려주며 방어하고, 오른손공격은 오른손으로 밀어 방어한다.

Technique 007

木人樁 實戰手法 (목인장 실전수법) mù rén zhuāng shízhàn shǒufǎ
목인장 실전 기술

  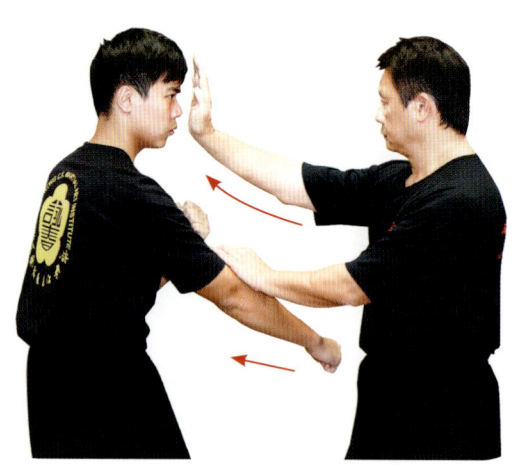

49 ▶ 窒手正掌(질수정장) Zhì shǒu zhèng zhǎng

상대방의 오른손 공격을 왼손으로 팔을 밀어주며 방어하고 오른손은 상대방 안면을 장권으로 공격한다.

 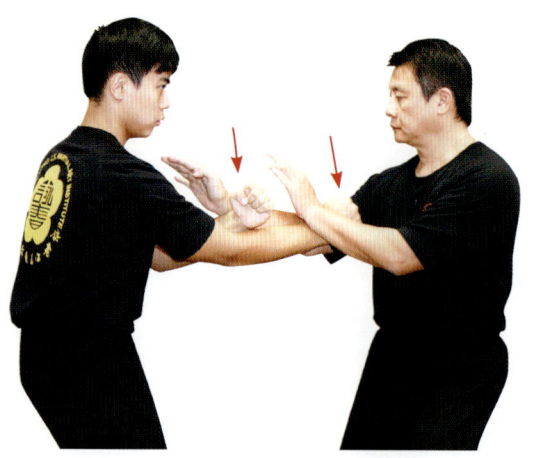

50 ▶ 雙窒手(쌍질수) Shuāng zhì shǒu

상대방 오른손, 왼손공격을 양손으로 팔을 내려주며 방어한다.

 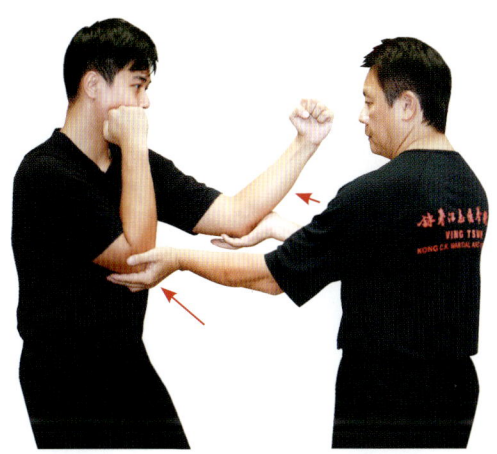

51 ▶ 雙托手(쌍탁수) Shuāng tuō shǒu
상대방 왼손, 오른손 공격을 양손으로 상대방 팔꿈치를 밀어 올려주며 방어한다.

 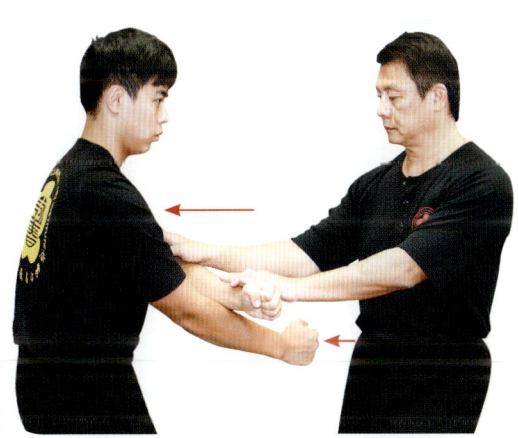

52 ▶ 問手(문수) Wèn shǒu
상대방의 왼손공격을, 양손으로 상대방의 오른팔 위에 교차시켜, 다음 공격을 못하도록 밀어주며 방어한다.

Technique 008

詠春拳 實戰手法1 (영춘권 실전수법)1 Yǒng chūn quán shízhàn shǒufǎ 1
기본기술편

기본기술 1

01 ▶ 準備(준비)zhǔnbèi
준비 자세

02 ▶ 問手(문수)Wèn shǒu Wèn shǒu
상대방의 왼손공격을 왼손으로 방어한다.

03 ▶ 冲拳對樁(충권대용)Chōng quán duì zhuāng
상대방의 오른손공격을 오른손으로 방어한다.

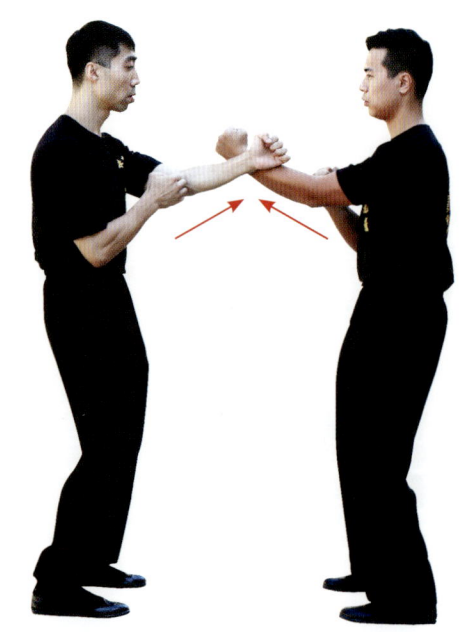

04 ▶ 冲拳對樁(충권대용)Chōng quán duì zhuāng
상대방의 왼손공격을 왼손으로 방어한다.

05 ▸ 冲拳對椿(충권대용)Chōng quán duì zhuāng
상대방의 오른손공격을 오른손으로 방어한다.

06 ▸ 冲拳對椿(충권대용)Chōng quán duì zhuāng
상대방의 왼손공격을 왼손으로 방어한다.

07 ▸ 收式(수식)Shōu shì
준비 자세로 돌아온다.

Technique 008

詠春拳 實戰手法 1 (영춘권 실전수법)1 Yǒng chūn quán shízhàn shǒufǎ 1
기본기술편

기본기술 2

01 ▶ 準備(준비)zhǔnbèi
준비 자세

02 ▶ 攤手對樁(탄수대장)Tānshǒu duì zhuāng
상대방이 오른손 종권으로 공격할 때, 오른손 손등을 꺾어 몸 바깥쪽으로 밀면서 방어한다.

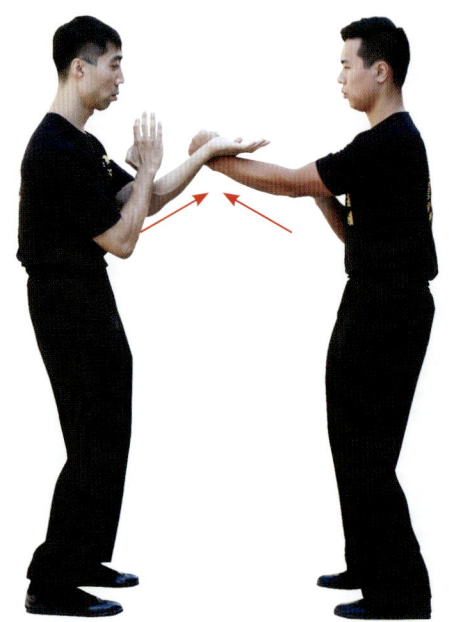

03 ▶ 攤手對樁(탄수대장)Tānshǒu duì zhuāng
상대방이 왼손 종권으로 공격할 때, 왼손 손등을 꺾어 몸바깥쪽으로 밀면서 방어한다.

04 ▶ 攤手對樁(탄수대장)Tānshǒu duì zhuāng
상대방이 오른손 종권으로 공격할 때, 오른손 손등을 꺾어 몸 바깥쪽으로 밀면서 방어한다.

05 ▶ 攤手對樁(탄수대장)Tānshǒu duì zhuāng
상대방이 오른손 종권으로 공격할 때, 오른손 손등을 꺾어 몸 바깥쪽으로 밀면서 방어한다.

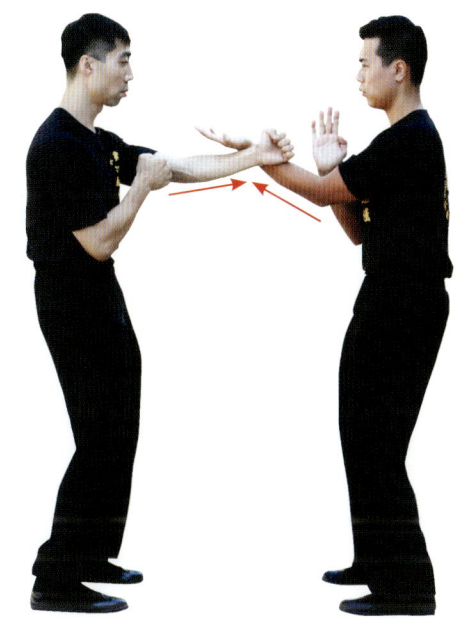

06 ▶ 攤手對樁(탄수대장)Tānshǒu duì zhuāng
상대방이 왼손 종권으로 공격할 때, 왼손 손등을 꺾어 몸바깥 쪽으로 밀면서 방어한다.

07 ▶ 收式(수식)Shōu shì
준비 자세로 돌아온다.

Technique 008

詠春拳 實戰手法1 (영춘권 실전수법)1 Yǒng chūn quán shízhàn shǒufǎ 1
기본기술편

기본기술 3

01 ▶ 準備(준비)Zhǔnbèi
준비 자세

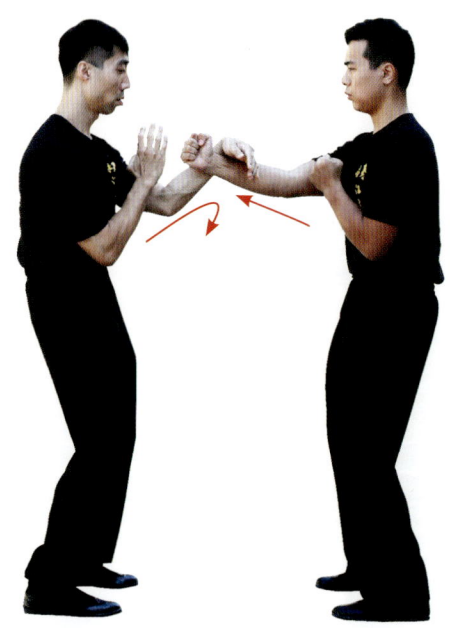

02 ▶ 伏手對樁(복수대장)Fú shǒu duì zhuāng
상대방이 오른손 종권으로 공격시 왼손 손목을 안쪽으로 감아 내리면서 방어한다.

03 ▶ 伏手對樁(복수대장)Fú shǒu duì zhuāng
상대방이 왼손종권으로 공격시 오른손 손목을 안쪽으로 감아 내리면서 방어한다.

04 ▶ 伏手對樁(복수대장)**Fú shǒu duì zhuāng**
상대방이 왼손종권으로 공격시 오른손 손목을 안쪽으로 감아 내리면서 방어한다.

05 ▶ 伏手對樁(복수대장)**Fú shǒu duì zhuāng**
상대방이 오른손 종권으로 공격시, 왼손 손목을 안쪽으로 감아 내리면서 방어한다.

06 ▶ 準備(준비)**Zhǔnbèi**
준비 자세

Technique 008

詠春拳 實戰手法1 (영춘권 실전수법)1 Yǒng chūn quán shízhàn shǒufǎ 1
기본기술편

기본기술 4

01 ▶ 準備(준비)Zhǔnbèi
준비 자세

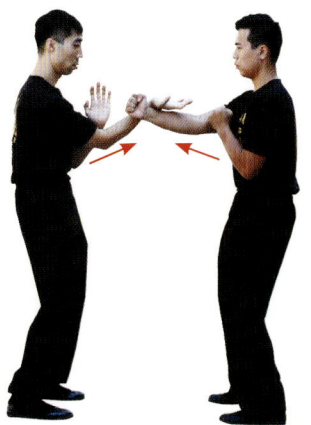

02 ▶ 攤手(탄수)Tānshǒu
상대방이 오른손 종권으로 공격할 때, 오른손 손등을 꺽어 몸 바깥쪽으로 밀며 방어한다.

03 ▶ 伏手(부수)Fú shǒu
상대방이 왼손 종권으로 공격할 때, 오른손 손목을 안쪽으로 감아 내려주며 방어한다.

04 ▶ 護手(호수)Hù shǒu
상대방이 오른손 종권으로 공격할 때, 오른손 손등을 꺽어 몸 바깥쪽으로 밀어올려 방어한다.

05 ▶ 攤手(탄수)Tānshǒu
상대방이 왼손 종권으로 공격할 때, 왼손 손등을 꺽어 몸 바깥쪽으로 밀며 방어한다.

106 | 모두를 위한 영춘권

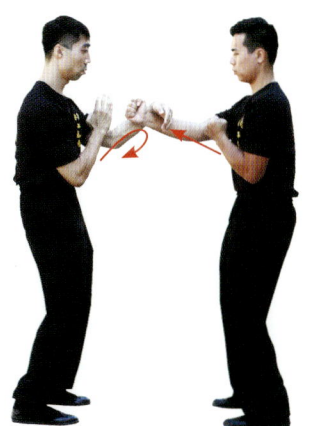

06 ▶ 伏手(부수)Fú shǒu
상대방이 오른손 종권으로 공격할 때 왼손 손목을 안쪽으로 감아 내려주며 방어한다.

07 ▶ 頂手(정수)Dǐng shǒu
상대방이 왼손을 펴고 당기면 방어한 오른손을 풀며 같은 힘으로 따라가 준다.

08 ▶ 頂手(정수)Dǐng shǒu
상대방이 왼손종권으로 다시 공격하려고 하면 상대방의 왼손 안쪽으로 오른손을 빠른 속도로 돌려 넣는다

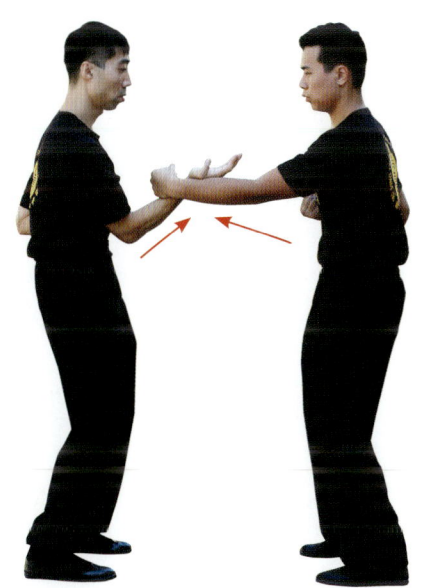

09 ▶ 頂手(정수)Dǐng shǒu
다시 왼손 종권으로 공격하면, 돌려넣었던 오른손 손등을 꺾어 몸 바깥쪽으로 밀려 방어한다.

10 ▶ 護手(호수)Hù shǒu
상대방이 왼손 종권으로 공격시, 왼손 손등을 꺾어 몸바깥쪽으로 밀어 올리며 방어한다.

Technique 008

詠春拳 實戰手法1 (영춘권 실전수법)1 Yǒng chūn quán shízhàn shǒufǎ 1
기본기술편

11 ▶ 攤手(탄수)Tānshǒu
상대방이 오른손 종권으로 공격할 때, 오른손 손등을 꺾어 몸 바깥쪽으로 밀며 방어한다.

12 ▶ 伏手(부수)Fú shǒu
상대방이 왼손 종권으로 공격할 때, 오른손 손목을 안쪽으로 감아 밀어주며 방어한다.

13 ▶ 伏手(부수)Fú shǒu
상대방이 오른손 종권으로 공격할 때, 왼손 손목을 안쪽으로 감아 내려주며 방어한다.

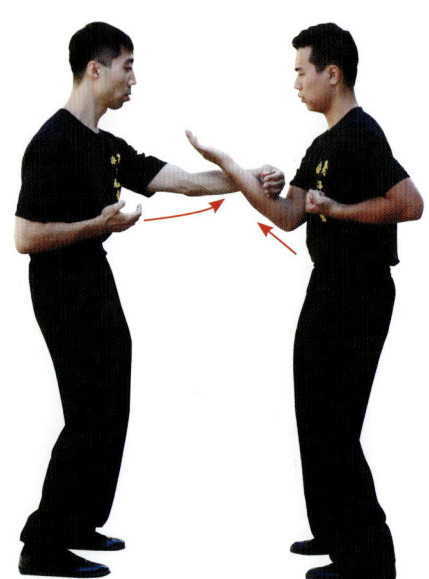

14 ▶ 頂手(정수)Dǐng shǒu
상대방이 오른손을 펴고 당기면 방어한 왼손을 풀며 같은 힘에 따라 가준다.

15 ▶ 頂手(정수)Dǐng shǒu
상대방이 오른손 종권으로 다시 공격하려고 하면 상대방의 오른손 안쪽으로 왼손을 돌려 넣어준다.

16 ▶ 攤手(탄수)Tānshǒu
상대방이 오른손 종권으로 다시 공격하면 넣었던 왼손 손등을 꺾어 몸 바깥쪽으로 밀며 방어한다.

17 ▶ 拍手(박수)Pāishǒu
상대방이 오른손 종권으로 공격하면, 왼손 손바닥으로 상대방의 팔을 몸 안쪽으로 밀며 방어한다.

18 ▶ 準備(준비)Zhǔnbèi
준비 자세로 돌아온다.

Technique 008

詠春拳 實戰手法1 (영춘권 실전수법)1 Yǒng chūn quán shízhàn shǒufǎ 1
기본기술편

기본기술 5

01 ▸ 準備(준비)Zhǔnbèi
준비 자세

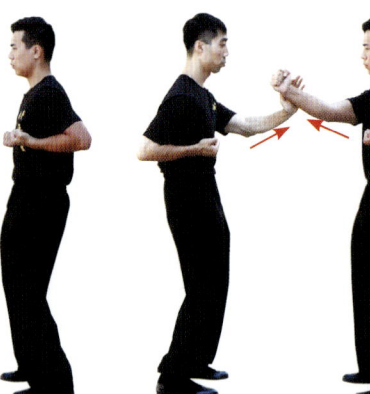

02 ▸ 拍手(박수)Pāishǒu
상대방이 오른손 종권으로 공격할 때 왼손 손바닥으로 몸 안쪽으로 밀며 방어한다.

03 ▸ 拖橋(타고)Tuō qiáo
상대방이 왼손 종권으로 공격할 때 왼손 손등을 꺽어 몸 바깥쪽으로 밀며 방어한다.

04 ▸ 攤手(탄수)Tānshǒu
상대방이 오른손 종권으로 공격하면 왼손 손바닥으로 몸 안쪽으로 밀면서 방어한다.

05 ▸ 撲手(박수)Pāishǒu
상대방이 왼손 종권으로 공격할 때 오른손 손바닥으로 몸 안쪽으로 밀면서 방어한다.

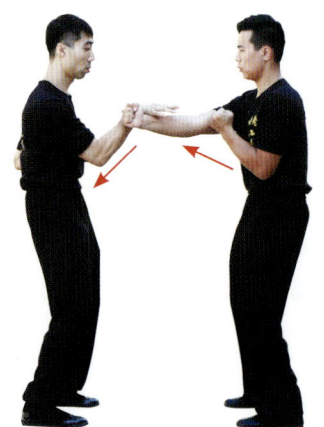

06 ▸ 拖橋(타고)Tuō qiáo
상대방이 오른손 종권으로 공격할 때, 오른손 손목을 바깥쪽으로 감아 내려 당겨주며 방어한다.

07 ▸ 撲手(복수)Pū shǒu
상대방이 왼손 종권으로 공격할 때 왼손 손바닥으로 몸 안쪽으로 밀어올리면서 방어한다.

08 ▶ 拍手(박수)Pāishǒu
상대방이 왼손 종권으로 공격할 때, 오른손 손바닥으로 몸 안쪽으로 밀면서 방어한다.

09 ▶ 拖橋(타고)Tuō qiáo
상대방이 오른손 종권으로 공격할 때, 오른손 손바닥으로 몸 바깥쪽으로 당기며 방어한다.

10 ▶ 撲掌(박장)Pū zhǎng
상대방이 왼손 종권으로 공격할 때, 오른손 손바닥으로 몸 안쪽으로 밀면서 방어한다.

11 ▶ 拍手(박수)Pāishǒu
상대방이 오른손 종권으로 공격할 때, 왼손 손바닥으로 몸 안쪽으로 밀면서 방어한다.

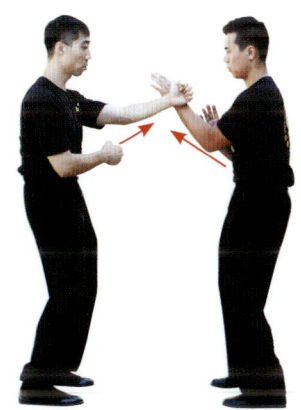

12 ▶ 拖橋(타고)Tuō qiáo
상대방이 왼손 종권으로 공격할 때, 왼손 손등을 꺾어 몸 바깥쪽으로 밀며 방어한다.

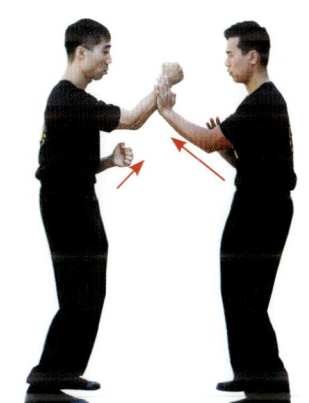

13 ▶ 撲掌(박장)Pū zhǎng
상대방이 오른손 종권으로 공격할 때, 왼손 손바닥으로 몸 안쪽으로 밀면서 방어한다.

14 ▶ 收式(수식)Shōu shì
준비 자세로 돌아온다.

Technique 008

詠春拳 實戰手法1 (영춘권 실전수법)1Yǒng chūn quán shízhàn shǒufǎ 1
기본기술편

기본기술 6

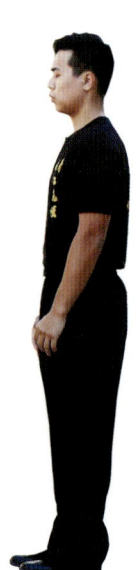

01 ▶ 準備(준비)Zhǔnbèi
준비 자세

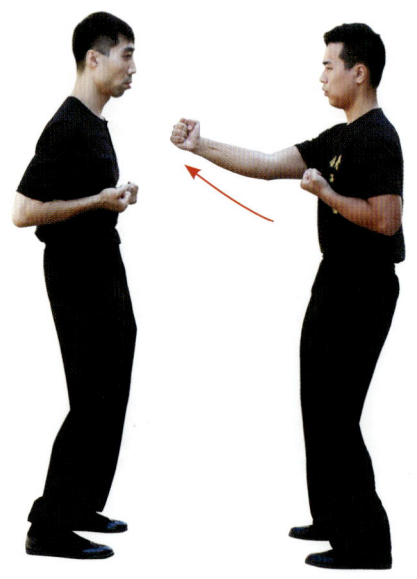

02 ▶ 冲拳(충권)Chōng quán
상대방이 오른손 종권으로 공격 시도 하려다가

03 ▶ 冲拳對樁(충권대용)Chōng quán duì zhuāng
다시 왼쪽 종권으로 공격하면, 왼손 종권을 교차하며 방어한다.

04 ▶ 冲拳對椿(충권대용)Chōng quán duì zhuāng
상대방의 오른손 종권으로 공격시 오른손 종권을 교차하며 방어한다.

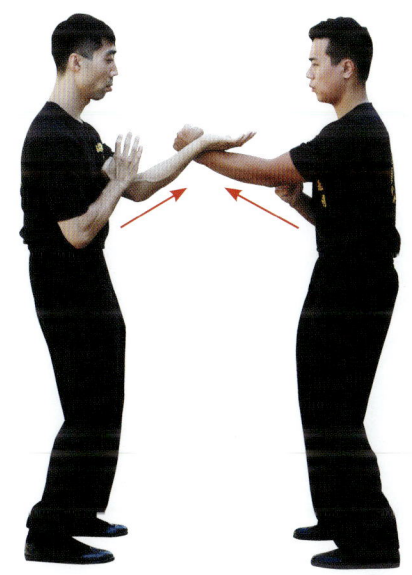

05 ▶ 攤手(탄수)Tānshǒu
상대방이 왼손종권으로 공격시 왼손 손등을 꺾어 몸 바깥쪽으로 밀면서 방어한다.

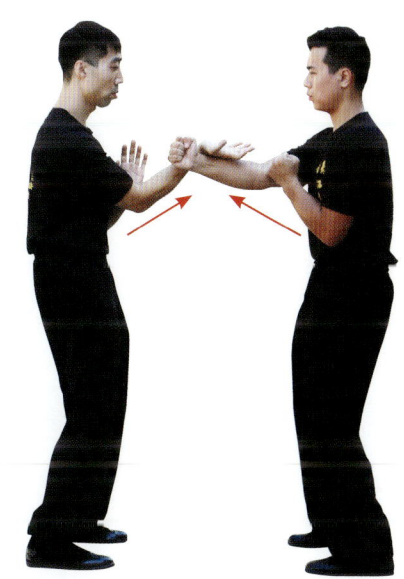

06 ▶ 攤手(탄수)Tānshǒu
상대방이 오른손종권으로 공격시 오른손 손등을 꺾어 몸 바깥쪽으로 밀면서 방어한다.

Technique 008

詠春拳 實戰手法1 (영춘권 실전수법)1 Yǒng chūn quán shízhàn shǒufǎ 1
기본기술편

기본기술 7

01 ▶ 攤手(탄수)Tānshǒu
상대방이 오른손 종권으로 공격시, 오른손 손등을 꺾으며 몸 바깥쪽으로 밀며 방어한다.

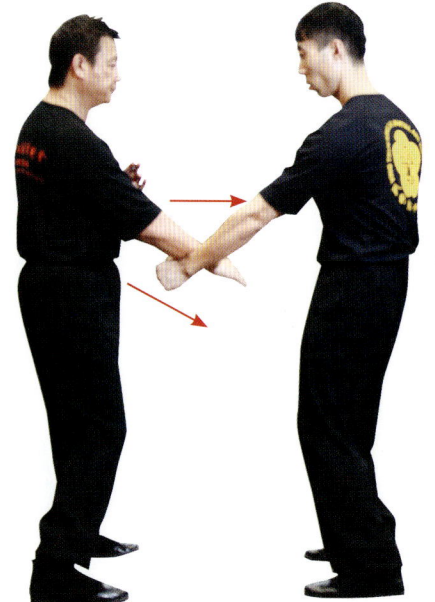

02 ▶ 耕手(경수)Gēng shǒu
상대방이 왼손 종권으로 복부 공격시, 오른손 팔뚝을 내려 밀면서 방어한다.

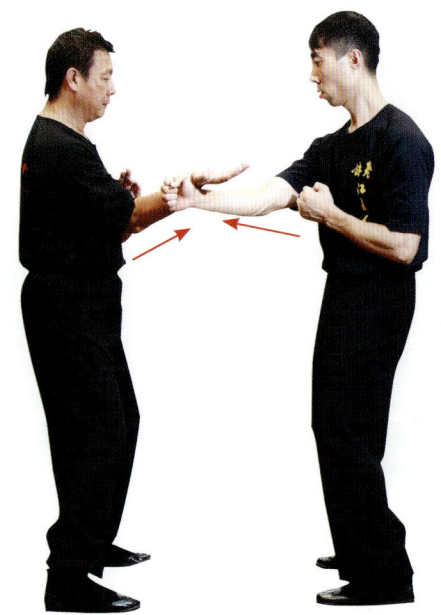

03 ▶ 挑手(도수)Tiāo shǒu
상대방이 오른손 종권으로 공격시, 오른손 손등을 꺾어 몸 바깥쪽으로 밀어내린다.

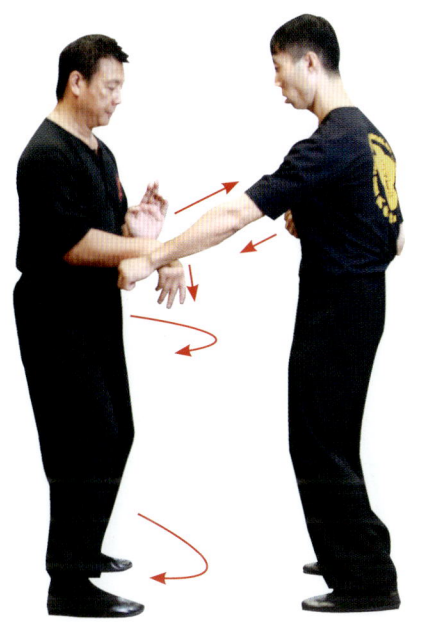

04 ▶ 轉馬圈手(전마권수)Zhuǎn mǎ quān shǒu
상대방이 왼손 종권으로 복부를 공격하면 몸을 우측으로 틀며 오른손 손목을 꺽으며 아래로 내려 방어하고 왼손을 밀며 방어한다.

05 ▶ 攤手搭橋(탄수탑교)Tānshǒu dāqiáo
상대방이 왼손으로 공격하면 왼팔을 교차하며 방어 하고 오른손은 상대방의 오른손 공격을 밀며 방어한다.

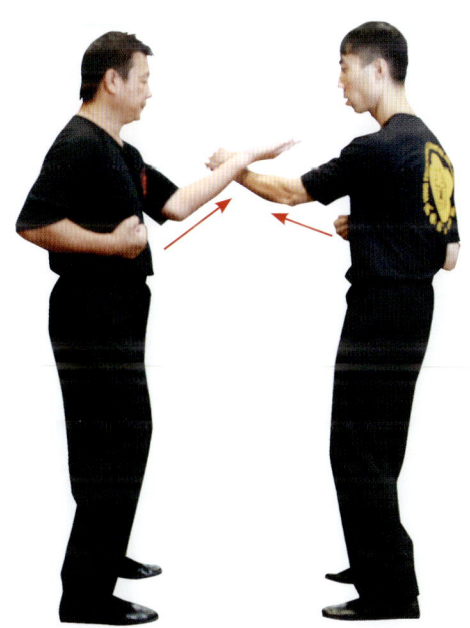

06 ▶ 攤手(탄수)Tānshǒu
상대방이 왼손 종권으로 공격시, 왼손 손등을 꺽으며 몸 바깥쪽으로 밀며 방어한다.

詠春拳 實戰手法1 (영춘권 실전수법)1 Yǒng chūn quán shízhàn shǒufǎ 1
기본기술편

기본기술 8

01 ▸ 收式(수식) Shōu shì
준비 자세

02 ▸ 攤手(탄수) Tānshǒu
상대방이 왼손 종권으로 공격하면, 왼손 손등을 꺾어 몸 바깥쪽으로 밀면서 방어한다.

03 ▸ 耕手(경수) Gēng shǒu
상대방이 오른손 종권으로 복부를 공격하면, 왼팔을 아래로 내려 밀면서 방어한다.

04 ▸ 攤手(탄수) Tānshǒu
상대방이 왼손 종권으로 공격하면, 왼손 손등을 꺾어 몸 바깥쪽으로 밀면서 방어한다.

05 ▶ 轉馬圈手(전마권수)Zhuǎn mǎ quān shǒu
상대방이 오른손 종권으로 복부를 공격하면, 왼손을 아래로 내려 밀면서 방어한다.

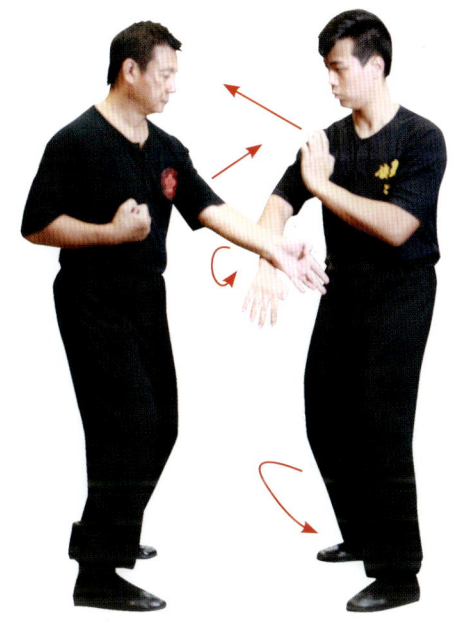

06 ▶ 低膀手(저방수)Dī bǎng shǒu
상대방이 몸을 왼쪽으로 틀면서 오른손으로 상대방의 왼손을 몸 안쪽으로 밀어 준다.

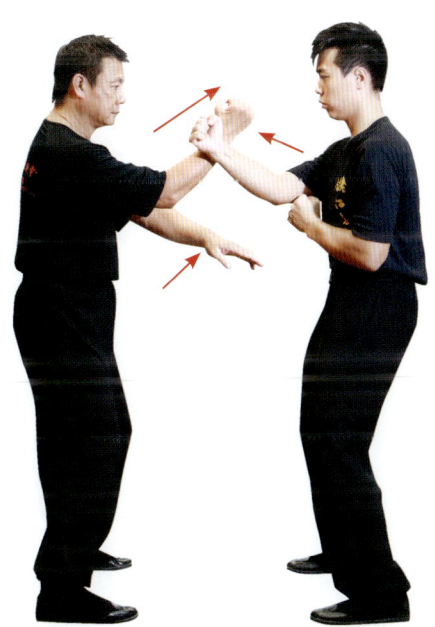

07 ▶ 冲拳對椿(충권대용)Chōng quán duì zhuāng
상대방이 오른손 종권으로 공격하면, 오른손 종권 팔등으로 밀며 방어한다. 왼손으로는 상대방의 낭심을 공격한다.

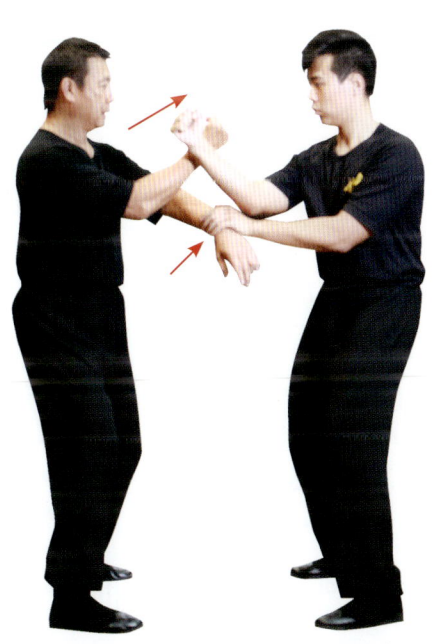

08 ▶ 獵手冲拳(엽수충권)Lièshǒu chōng quán
상대방이 왼손 종권으로 공격하면, 오른손 팔등으로 방어하고 연속으로 상대방이 왼손으로 공격하면 왼손으로 방어를 한다.

Technique 008

詠春拳 實戰手法1 (영춘권 실전수법)1Yǒng chūn quán shízhàn shǒufǎ 1
기본기술편

기본기술 9

01 ▸ 攤手(탄수)Tān shǒu
상대방이 오른손 종권으로 공격시 오른손 손등을 꺾으며 몸 바깥쪽으로 밀며 방어한다.

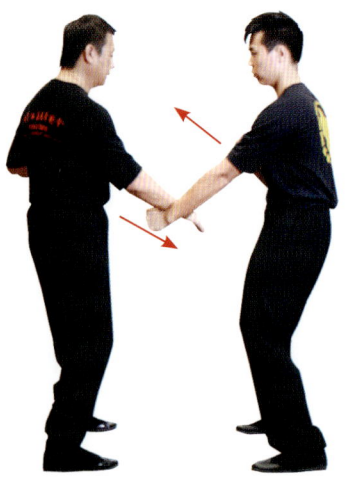

02 ▸ 耕手(경수)Gēng shǒu
상대방이 왼손 종권으로 복부를 공격하면 오른손을 아래로 내려 밀며 방어한다.

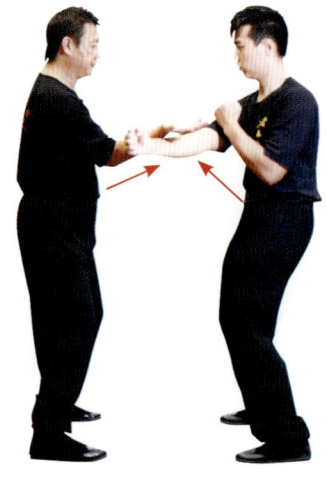

03 ▸ 挑手(도수)Tiāo shǒu
상대방이 오른손 종권으로 공격시, 오른손 손등을 꺾어 몸 바깥쪽으로 밀며 방어한다.

04 ▸ 圈手(권수)Quān shǒu
상대방이 왼손 종권으로 복부를 공격하면 오른손을 아래로 내려 밀면서 방어한다.

05 ▸ 低膀手(저방수)Dī bǎng shǒu
공격자는 순간적으로 몸을 우측으로 틀며 상대가 방어한 손을 몸 안쪽으로 밀어내 준다.

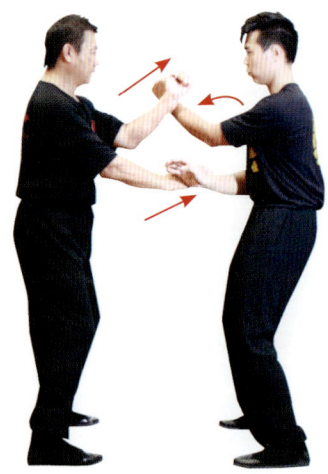

06 ▸ 獵手冲拳(엽수충권)Lièshǒu chōng quán
상대방이 손을 교체하여 복부를 공격하면, 방어자는 우측손을 방어하고

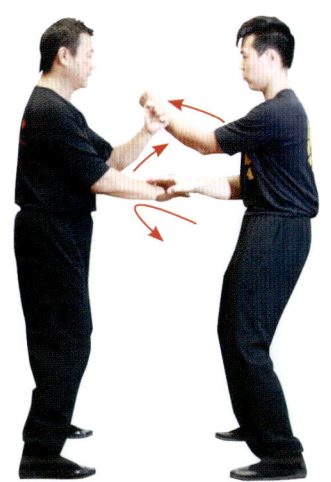

07 ▶ 獵手冲拳(엽수충권) Lièshǒu chōng quán

상대방이 왼손종권으로 공격하면, 방어자는 왼손 종권 팔등으로 방어한다. 그후 오른손을 돌려 내려준다

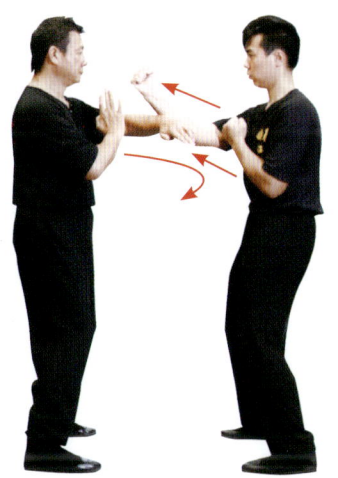

08 ▶ 膀手(방수) Bǎng shǒu

상대방이 왼손을 당기고 오른손 종권으로 공격하면, 방어자는 오른손을 당겨 방어 준비를한다

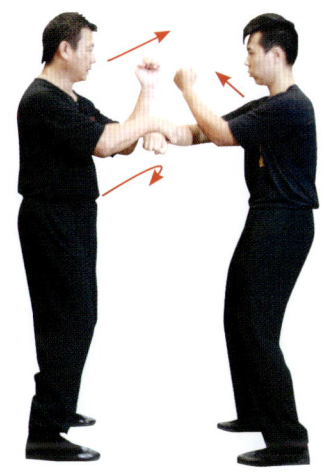

09 ▶ 獵手冲拳(엽수충권) Lièshǒu chōng quán

방어자는 상대방의 오른손 종권 공격을 오른손으로 돌려 내리며 방어하고, 동시에 왼손 종권으로 상대방을 공격한다

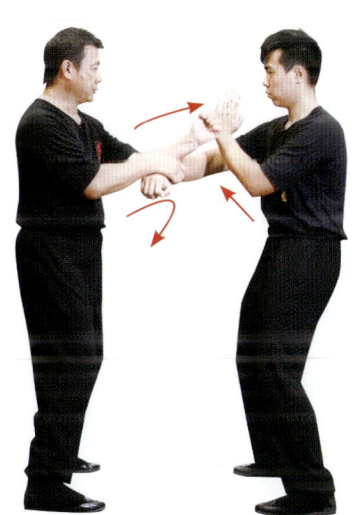

10 ▶ 獵手冲拳(엽수충권) Lièshǒu chōng quán

상대방이 오른손을 아래로 내리며 방어하면 왼손종권으로 상대방을 공격한다. 상대방이 왼손을 밀며 방어를 준비하면

11 ▶ 攤手冲拳(탄수충권) Tānshǒu chōng quán

상대방의 왼손을 왼손으로 잡아당기고 오른손 종권으로 공격한다.

12 ▶ 上馬按手冲拳(상마안수충권) Shàng mǎ àn shǒu chōng quán

다시 오른손 종권으로 상대방이 공격하면, 상대방은 오른손으로 쳐내고

詠春拳 實戰手法1 (영춘권 실전수법)1 Yǒng chūn quán shízhàn shǒufǎ 1
기본기술편

13 ▶ 按手冲拳(안수충권)Àn shǒu chōng quán
상대방이 오른손 종권으로 공격하면, 방어자는 오른손을 잡아 밀어주며 동시에 오른손 종권 팔등으로 방어한다

14 ▶ 按手冲拳(안수충권)Àn shǒu chōng quán
방어자는 방어한 오른손을 아래로 내려 밀어주며 왼손 종권으로 공격한다

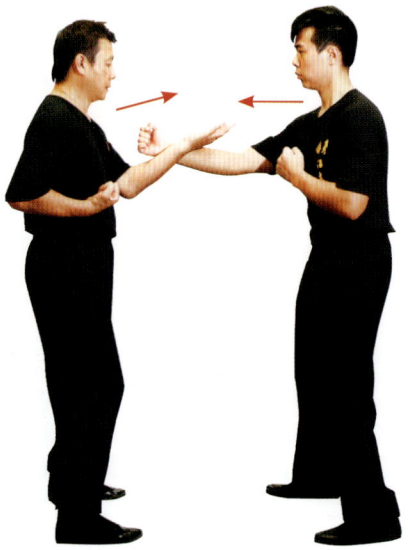

15 ▶ 攤手(탄수)Tānshǒu
상대방이 오른손 종권으로 공격시, 왼손 손등을 꺾어 몸바깥쪽으로 밀면서 방어한다

16 ▶ 伏手(부수)Fú shǒu
상대방이 오른손 종권으로 연속 공격하면, 왼손 손목을 안쪽으로 감아준다

17 ▶ 頂手(정수)Dǐng shǒu
상대방이 오른손을 위로 올리면 왼손으로 상대방의 손을 따라 밀어준다

18 ▶ 正掌(정장)Zhèng zhǎng
상대방이 오른손 장권으로 복부를 공격하면, 왼손을 몸안쪽으로 끌어 당기며 방어한다

19 ▶ 攤手冲拳(탄수충권)
Tānshǒu chōng quán
그 상태에서 왼손 종권으로 가슴을 공격한다.

Technique 009

詠春拳 實戰 (영춘권실전) Yǒng chūn quán shízhàn
실전기술편

실전기술 1

01 ▶ 準備(준비) Zhǔnbèi
준비 자세

02 ▶ 轉馬攤手冲拳(전마탄수충권) Zhuǎn mǎ tānshǒu chōng quán
상대방의 오른손 종권으로 공격시 몸을 오른쪽으로 틀면서 오른손 손등으로 밀며 방어하고 왼손은 안쪽으로 밀어 준다.

03 ▶ 扣手冲拳(구수충권) Kòu shǒu chōng quán
왼발을 전진하며 왼손으로 상대방의 팔을 돌려 내려주고 오른손 종권으로 안면을 공격한다.

04 ▶ 獵手攔手(엽수란수) Lièshǒu lán shǒu
오른손으로 상대방의 1차 공격을 교체해서 방어한 후 왼팔로 상대방의 2차 공격을 대비한다.

05 ▶ 上馬欄手(상마란수)Shàng mǎ lán shǒu
상대방을 앞으로 밀면서 왼팔로 1, 2차 공격을 완전히 차단한다.

06 ▶ 上馬冲拳(상마충권)Shàng mǎ chōng quán
오른손 종권으로 상대방의 안면을 공격한다.

07 ▶ 欄手對手(란수대수)Lán shǒu duìshǒu
왼팔로 상대방의 팔을 X로 교차시켜 공격을 하지못하게 한 후

08 ▶ 上馬冲拳(상마충권)Shàng mǎ chōng quán
순간적으로 오른손 종권으로 안면을 가격한다.

09 ▶ 雙推掌(쌍추장)Shuāng tuīzhǎng
상대방을 양손으로 강하게 밀어 버린다.

Technique 009

詠春拳 實戰 (영춘권실전)Yǒng chūn quán shízhàn
실전기술편

실전기술 2

01 ▶ 獵手冲拳(엽수충권)Lièshǒu chōng quán
상대방이 오른손 종권으로 공격하면 몸을 오른쪽으로 틀며 상대방의 손목을 잡고 왼손 종권으로 상대방의 안면을 공격한다.

02 ▶ 冚手冲拳(감수충권)Kǎn shǒu chōng quán
상대방을 잡고 있던 오른손을 순간적으로 왼손으로 교체해서 잡고, 왼발을 전진하며 오른손 종권으로 상대방의 목을 공격한다.

03 ▶ 提橋劈手(시교벽수)Tí qiáo pīshǒun
상대방이 다시 왼손정권으로 공격하면 오른팔로 방어하고 상대방을 잡았던 왼손을 놓고 손날로 목을 공격한다.

04 ▶ 鏟掌(잔장)Chǎn zhǎng
다시 왼손으로 상대방의 공격한 손을 방어하고 오른쪽 손날로 상대방의 목을 공격한다.

05 ▶ 攤手批橋(탄수비교)Tānshǒu pī qiáo
오른손 손등으로 상대방이 공격한 손을 방어하고 왼손날로 상대의 목을 공격한다.

05 ▶ 上馬欄手(상마란수)Shàng mǎ lán shǒu
상대방을 앞으로 밀면서 왼팔로 1, 2차 공격을 완전히 차단한다.

06 ▶ 上馬冲拳(상마충권)Shàng mǎ chōng quán
오른손 종권으로 상대방의 안면을 공격한다.

07 ▶ 欄手對手(란수대수)Lán shǒu duìshǒu
왼팔로 상대방의 팔을 X로 교차시켜 공격을 하지못하게 한 후

08 ▶ 上馬冲拳(상마충권)Shàng mǎ chōng quán
순간적으로 오른손 종권으로 안면을 가격한다.

09 ▶ 雙推掌(쌍추장)Shuāng tuīzhǎng
상대방을 양손으로 강하게 밀어 버린다.

Technique 009

詠春拳 實戰 (영춘권실전) Yǒng chūn quán shízhàn
실전기술편

실전기술 2

01 ▶ 獵手冲拳 (엽수충권) Lièshǒu chōng quán
상대방이 오른손 종권으로 공격하면 몸을 오른쪽으로 틀며 상대방의 손목을 잡고 왼손 종권으로 상대방의 안면을 공격한다.

02 ▶ 冚手冲拳 (감수충권) Kǎn shǒu chōng quán
상대방을 잡고 있던 오른손을 순간적으로 왼손으로 교체해서 잡고, 왼발을 전진하며 오른손 종권으로 상대방의 목을 공격한다.

03 ▶ 提橋劈手 (시교벽수) Tí qiáo pīshǒun
상대방이 다시 왼손정권으로 공격하면 오른팔로 방어하고 상대방을 잡았던 왼손을 놓고 손날로 목을 공격한다.

04 ▶ 鏟掌 (잔장) Chǎn zhǎng
다시 왼손으로 상대방의 공격한 손을 방어하고 오른쪽 손날로 상대방의 목을 공격한다.

05 ▶ 攤手批橋 (탄수비교) Tānshǒu pī qiáo
오른손 손등으로 상대방이 공격한 손을 방어하고 왼손날로 상대의 목을 공격한다.

06 ▶ 冚手撲掌(감수박장)Kǎn shǒu pū zhǎng
다시 왼손으로 상대방의 공격한 팔을 잡아 내려 밀어주고, 왼손 장권으로 상대방의 얼굴을 공격한다.

07 ▶ 護手穿橋(호수천교)Hù shǒu chuān qiáo
오른손 종권으로 공격하면, 몸을 오른쪽으로 틀면서 오른손 손등을 꺽어 올려 공격을 방어하고 오른손을 상대방의 팔 아래로 넣어준다.

08 ▶ 走步扭手(주보뉴수)Zǒu bù niǔ shǒu
왼발을 앞으로 전진하면서 몸을 왼쪽으로 틀어주고, 왼손으로 상대방의 공격한 손을 잡아 빼며 돌려준다.

08 ▶ 走馬扭手(주마뉴수)Zǒumǎ niǔ shǒu
상대방이 공격한 오른손을 돌려 비틀면서 올려주고 오른손으로 잡는다.

09 ▶ 傳橋切掌(전교절장)Chuán qiáo qiè zhǎng
상대방이 잡았던 손을 오른손으로 순간적으로 교체하며 잡아주고 왼손날로 상대방의 옆구리를 가격한다.

10 ▶ 走馬掛拳(주마괘권)Zǒumǎ guà quán
몸을 왼쪽으로 틀면서 왼팔로 순간교체하며 상대방의 공격한 손을 방어하고 오른손 이권으로 얼굴을 공격한다.

Technique 009

詠春拳 實戰 (영춘권실전) Yǒng chūn quán shízhàn
실전기술편

실전기술 3

01 ▸ 冲拳對樁(충권대용) Chōng quán duì zhuāng
상대방이 오른손 종권 공격시, 오른발을 전진하며 팔등으로 방어한다.

02 ▸ 正踢腳(정척각) Zhèng tī jiǎo
무게중심을 뒤에 두고 오른발로 상대방의 낭심을 공격한다.

03 ▸ 按手冲拳(안수충권) Àn shǒu Chōng quán
오른발을 내딛고 전진하며, 왼손으로 상대방이 지른 팔을 잡아내리며 오른손 종권으로 안면을 공격한다.

04 ▸ 拍手(박수) Pāishǒu
상대방이 뒤로 빠지며 왼손으로 공격했던 손을 몸안쪽으로 밀어 올리며 방어를 하면

05 ▸ 오른손 종권으로 상대방의 안면을 공격한다.

06 ▶ 戰步冲拳(전보충권)Zhàn bù chōng quán
상대방이 다시 전진하며 오른손 종권으로 공격하면 뒤로 빠지면서 팔등으로 방어한다.

07 ▶ 戰步冲拳(전보충권)Zhàn bù chōng quán
다시 상대방이 오른발을 전진하며, 왼손 종권으로 공격하면 뒤로 빠지면서 팔등으로 방어한다.

08 ▶ 正踢腳(정척각)Zhèng tī jiǎo
상대방이 우측발로 낭심을 공격하면 좌측손으로 보호한다.

09 ▶ 正踢腳(정척각)Zhèng tī jiǎo
무게중심을 뒤에 두고 오른발로 상대방의 낭심을 공격한다.

Technique 009

詠春拳 實戰 (영춘권실전)Yǒng chūn quán shízhàn
실전기술편

실전기술 4

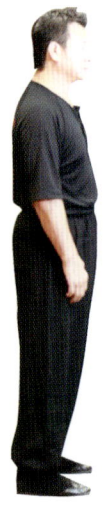

01 ▶ 準備(준비)zhǔnbèi
준비 자세

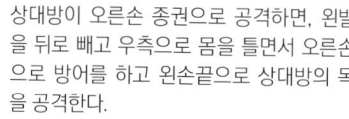

02 ▶ 伏手標指1(복수표지)
Fú shǒu biāo zh1
상대방이 오른손 종권으로 공격하면, 왼발을 뒤로 빼고 우측으로 몸을 틀면서 오른손으로 방어를 하고 왼손끝으로 상대방의 목을 공격한다.

03 ▶ 伏手標指2(복수표지)
Fú shǒu biāo zh2
순간적으로 손을 교체해서 왼손으로 상대방이 공격한 팔을 막고 오른손 손끝으로 상대방의 목을 다시 한 번 공격한다.

04 ▶ 伏手標指3(복수표지)Fú shǒu biāo zh3
순간적으로 손을 교체해서 오른손으로 상대방이 공격한 팔을 막고 왼손 손끝으로 상대방의 목을 다시 한 번 공격한다.

05 ▶ 提攔手(제란수)Tí lán shǒu
상대방이 왼손 정권 공격시 오른팔로 방어하고 손을 기억자로 꺾어 공격할 준비를 한다.

06 ▶ 插手(삽수)Chāshǒu
오른손 손끝으로 상대방의 목을 공격한다.

07 ▶ 窒手(질수)Zhì shǒu
상대방이 오른손 종권 공격시 왼손으로 방어을 하고 오른손 손끝을 밀면서 상대방의 목을 공격한다.

08 ▶ 吞手標指(탄수표지)Tūn shǒu biāo zhǐ
순간적으로 손을 교체하여 오른손은 방어를 하고 왼손끝을 밀면서 상대방의 목을 공격한다.

09 ▶ 吐手標指(토수표지)Tǔ shǒu biāo zhǐ
다시 한 번 손을 교체해서 왼손은 방어를 하고 오른손 손끝으로 목을 공격한다.

10 ▶ 連環標指手1(연환표지수)Liánhuán biāo zhǐ shǒu1
다시 한 번 손동작을 왼손으로 바꾸고

11 ▶ 連環標指手2(연환표지수)Liánhuán biāo zhǐ shǒu2
왼손 손끝을 밀면서 상대방의 목을 공격한다.

Technique 009

詠春拳 實戰 (영춘권실전) Yǒng chūn quán shízhàn
실전기술편

12 ▶ 伏手標指1(복수표지)Fú shǒu biāo zh1
다시 한 번 상대방이 오른손 종권으로 공격하면 오른손으로 방어를 하고 왼손 손끝을 밀면서 상대방의 목을 공격한다.

13 ▶ 伏手標指2(복수표지)Fú shǒu biāo zh2
순간적으로 손을 교체해서 왼손은 당기고 오른손 손끝을 밀면서 상대방의 목을 공격한다.

14 ▶ 伏手標指3(복수표지)Fú shǒu biāo zh3
공격한 손을 당기고 양손으로 상대방을 앞으로 밀어버린다

15 ▶ 提欄手(제란수)Tí lán shǒu
상대방이 왼손 정권으로 공격하면 오른손팔로 방어를 하고 오른손은 기역자로 꺾어 공격 준비를 한다.

16 ▶ 插手(삽수)Chāshǒu
오른팔로 방어를 했다면 오른손 손끝을 밀면서 상대방의 목을 공격한다.

17 ▶ 窒手(질수)Zhì shǒu
상대방이 오른손 종권 공격시 왼손으로 방어하고 오른손 손끝을 밀면서 상대방의 목을 공격한다.

18 ▶ 吞手標指(탄수표지)Tūn shǒu biāo zhǐ1
순간적으로 손을 교체하여 오른손은 당기고 왼손끝을 밀면서 상대방의 목을 공격한다.

19 ▶ 吞手標指(탄수표지)Tūn shǒu biāo zhǐ2
순간적으로 손을 교체하여 오른손은 방어를 하고 왼손 끝을 밀면서 상대방의 목을 공격한다.

20 ▶ 連環標指手(연환표지수)Liánhuán biāo zhǐ shǒu
다시 한 번 순간적으로 손을 교체하여 오른손은 당기고 왼손 끝을 밀면서 상대방의 목을 공격한다.

모두를 위한
영춘권 (詠春拳)

초판인쇄 | 2020년 1월 1일
초판발행 | 2020년 1월 3일
저자 | 강지강
발행인 | 김상일
발행처 | 혜성출판사
발행처 주소 | 서울시 동대문구 난계로26길23 삼우빌딩 A동 2015호
전화 | 02)2233-4468 FAX | 02)2253-6316
표지·본문디자인 | 오영아·홍은숙
출력 | 인화씨앤피
인쇄 | 조일인쇄
등록번호 | 제6-0648호
kkksi4468@naver.com

정가 25,000원

ISBN 979-11-86345-43-6 (03690)

* 이 책의 무단복제 또는 무단전재는 법으로 금지되어 있습니다.
* 통역 및 현지 코디: (주)한일 국제문화여유교류회사

왼쪽부터 사범: 진가락, 저자: 강지강, 사범: 임정은

중국 泉州 남소림사에서 영춘권 촬영에 도움을 주신 분들과 함께(2019. 10)